신과 마주한 이성의 시대
시대정신으로 본 중세 사상시

찬란했던 로마제국의 1세기,
융성한 제국에서는 분열의 조짐이 싹트고 있었고
사람들은 정신적 불안 속에서 변치 않는 진리를 찾기 시작했다.

유대교를 비롯한 수많은 종교가 탄생했던 시대에
변방의 그리스도교는 하나의 질서로 자리 잡으며
그리스-로마 문화권에 새로운 전환점을 마련했다.

철저하게 인간 이성에 바탕을 둔 그리스 철학은
절대적 유일신을 인정하는 종교를 만남으로써
양립할 수 없는 많은 부분을 설명해야 했다.

사도 바울로를 시작으로 아우구스티누스에 이르기까지,
신앙의 토대 위에 철학적 방법론을 결합하려는 지적 실험은
'그리스-로마 문화와 그리스도교'라는 거대한 두 기둥이 되었고
서양을 넘어 인류 지성사의 위대한 유산으로 남았다.

상심에 빠진 인간을 구원하고
인간이 행복해지는 길을 찾으려 한 이들의 노력이 없었다면
근대 이후의 유구한 역사도 태동하지 못했을 것이다.

신 앞에 선 인간

일러두기

1. 인용문에서 필자가 첨언한 내용은 대괄호로 구분했으며, 참조한 자료는 참고 문헌으로 정리했습니다.

2. 성경 인용은 공동번역성서를 따랐으며, 성경 내용을 설명하며 언급한 인명 및 지명 등도 이에 맞춰 표기했습니다.

3. 성경을 문장 내에서 인용했을 경우 출처는 약어 처리했으며 목록은 다음과 같습니다. 다만 타 도서 인용에 포함된 성경 출처는 해당 원문을 유지했습니다.
   마태오의 복음서→마태 | 사도행전→사도 | 로마인들에게 보낸 편지→로마
   고린토인들에게 보낸 첫째 편지→1고린 | 고린토인들에게 보낸 둘째 편지→2고린
   갈라디아인들에게 보낸 편지→갈라 | 에페소인들에게 보낸 편지→에페
   필립비인들에게 보낸 편지→필립 | 골로사이인들에게 보낸 편지→골로
   디모테오에게 보낸 둘째 편지→2디모

시대정신으로 읽는 지성사
역사의 시그니처 03

신 앞에 선
인간

중세의 위대한 유산,
철학과 종교의 첫 만남

박승찬
지음

21세기북스

서양 문화의 중대한 변곡점,
중세의 탄생

그리스도교가 제국의 변방에서 태동하던 1세기, 지중해 연안 전체를 장악했던 로마는 자신들에게 점령된 그리스의 높은 문화와 사상에 매료되어 있었다. 로마는 이를 토대로 형성한 '그리스-로마 문화'를 제국 전체에 확산시켰고, 그러던 중 신흥 종교인 그리스도교와 마주했다. 그러나 낭시 주류였던 그리스-로마 문화와 그리스도교의 만남은 서로 다른 고등 문화들이 그랬듯 순조롭지 않았다.

다신교적 종교관을 가졌던 그리스-로마 문화권에서 신과 인간은 동일한 존재의 지평에 속하는 것으로 간주되었고, 이에 인간은 노력에 따라 신이 될 수도 있었다. 그 시대 일반인들의 소박한 종교관과 달리 그리스와 로마의 철학자들은 신화적 신관을 벗어나기 위하여 철학적 사유로 도달할 수 있는 우주 원리로서의 신관을 발전시켰다. 그들은 세계란 시작도 끝도 없이 영원히 존재하는 것이고, 그 안에서 일어나는 사건은 끊임없이 순환한다고 믿었다.

이와 달리 그리스도교 문화는 신이 세상을 창조했으며 종말 때 신이 심판자로 온다는 유일신적 사상의 유대교에 뿌리를 두고 있었다. 그리고 한 걸음 더 나아가 신의 아들이 인간이 되었고, 그의 십자가상 죽음과 부활이 온 인류를 구원했다고 믿었다.

이러한 믿음의 배경에는 신과 인간 사이에 넘을 수 없는 깊은 간격이 존재했다. 인간이 신이 된다거나 스스로의 힘으로 구원받는 것은 불가능하며, 구원은 오직 신의 은총에 의해서만 가능했다. 그들은 온 우주에서 일어나는 사건들이 창조의 순간부터 최종적으로 완성되는 종말에 이르기까지 직선적으로 발전한다는 역사관을 지니고 있었다.

인생관, 자연관을 비롯하여 종교관에 이르기까지 그리스 고대철학의 영향을 받아오던 그리스-로마 문화권에 그리스도교가 전래된 것은 커다란 파문을 일으켰다. 그리스도교의 가르침은 '모든 인간이 동등한 신의 자녀'라는 숭고한 인류애를 바탕으로, 인간의 마음에서 마음으로 전파되며 로마제국 전역에 불길처럼 빠르게 퍼져갔다. 일차적으로 '지혜에 대한 사랑'이기를 원했던 고대철학은 이처럼 분명한 종교적 확신은 가지고 있지 못했다.

그런데 헬레니즘 시대의 철학은 고대 그리스 철학을 이론적으로 계승하면서도 다른 한편으로 삶에 대한 실천적 진리를 제공하고, 동시에 인간성을 함양하는 지도적 역할을 목표로 했다. 그리스도교와 그리스 철학은 진리 추구와 인간성 함양이라는 목표에서는 일치했지만, 그 수단과 방법에 차이가 존재했다. 이 때문에 처음에는 긴장 관계에 있었고, 이후 다양한 단계를 거쳐 점차 융합되어 갔다.

이 책에서는 그러한 변화 과정에서 주목할 만한 위대한 사상가 5인을 선택해서 주요 가르침을 개괄해 보고자 한다. 그 첫 단계로 그리스도교와 그리스-로마 문화를 통합하려 시도했던 사도 바울로의 사상을 살펴본 후, 그리스도교의 등장을 충분히 알고 있었지만 고대 그리스 철학의 전통에 머물고자 했던 플로티노스의 신플라톤주의를 고찰한다.

이어서 플라톤주의를 바탕으로 그리스도교의 교리를 설명하고 새로운 신학체계로 완성시킨 오리게네스와 이를 더욱 발전시켜 서양 문화의 중요한 유산을 만들어낸 아우구스티누스의 사상을 검토한다. 마지막으로 이러한 전통을 이어받아 이를 정치에 적용하려 노력했지만 모함으로 비운의 운명을 맞았던 보에티우스가 우리에게 어떤 충고를 남겼는지를 살펴볼 것이다.

이렇게 그리스-로마 문화와 그리스도교라는 두 개의 강이 만나는 곳에서 근대 이후 세계 역사를 주도하고 있는 서양의 독특한 사상적 기반이 마련되었다. 철저하게 인간 이성에 바탕을 둔 그리스 철학이 초월적 절대자를 인정하는 그리스도교를 만남으로써 인간관과 세계관에 중요한 변화가 나타났다. 그리스도교의 탄생과 함께 사람들은 얻을 수 있는 모든 진리를 포괄하려는 야심을 지니게 되었고, 이러한 야심이 이후의 중세철학, 특히 13세기에 꽃을 피울 스콜라철학의 토대를 마련했다.

이 과정에서 위대한 사상가들은 시대의 제약을 받지 않는 진정한 행복과 삶의 가치를 찾기 위하여 끈질기게 노력했으며, 그 결과는 고대철학을 능가하는 방대한 자료로 남았다. 이러한 역사의 시그니처들은 가치의 상실로 방황하는 현대인들의 문제 해결에도 중요한 영감을 불어넣을 것이다.

차례

PART 2
사상과 학문의 원천, 신플라톤주의
_플로티노스

PART 5

최후의 로마인, 죽음 앞에서 철학의 신에게 묻다
_보에티우스

PART 1

사도 바울로

그리스도교를
세계종교로 성장시키다

사도 바울로 Paul the Apostle, 5~64/65

이 세상에서 가장 많이 팔린 책, 성경의 신약에서 가장 많은 내용을 저술한 저자.

처음부터 나자렛 사람 예수의 부름을 받은 제자가 아니었던 그는 바울로라 불리기 전 사울이라는 이름으로 예수의 제자들을 잔혹하게 탄압하던 박해자였다. 그러던 중 다마스쿠스로 가던 길에서 극적인 체험을 한 그는 완전히 회심하여 열렬한 그리스도교의 선포자가 되었다.

이제 건설되기 시작한 그리스도교의 공동체에 보낸 그의 편지들은 그 자신이 원했던 신앙의 모범뿐만 아니라, 사회적으로도 영감을 줄 수 있는 많은 지혜를 담고 있다. 그렇게 그는 극적인 회개와 불굴의 선교활동을 통해서 12사도를 넘어 베드로 사도와 쌍벽을 이루는 최고의 사도로서 존경을 받게 되었다. 그리스-로마 문화 안에서 그리스도교가 자리 잡고 성공하는 데 결정적 기여를 한 인물이라 평가할 만하다.

01

그리스도교의 박해자,
유대인 사울

나는 율법으로 말하면 바리사이파 사람이며
열성으로 말하면 교회를 박해하던 사람입니다.

– 〈필립비인들에게 보낸 편지〉 3,5-6

바울로는 서력 기원 즈음에 태어났다. 그는 예수와 동시대 인물이었지만 살아 있는 동안 서로 만난 적이 없는 것으로 보이며 당연히 12사도에는 포함될 수 없었다. 그는 지금의 튀르키예 남부의 토로스산맥 끝자락에 자리한 다르소에서 믿음이 깊은 유대계 베냐민 지파 가정 안에 태어났다. 다르소는 당시 번창한 헬레니즘 도시였으며, 그리스 교육의 중심지였다.

바울로는 예루살렘의 유대인들과 달리, 로마제국 안에서 여전히 큰 영향력을 지녔던 그리스 문화와 종교 혼합주의의 분위기 속에서 자라났다. 더욱이 그는 태어날 때부터 로마제국의 공민권과 다르소 시민권을 지녔기 때문에 어떤 차별도 받지 않았다.

성경에는 나타나지 않지만, 2세기의 로마 작가 오네시포루스(Onesiphorus)의 『바울로와 테클라 행전(Acts of Paul and Thecla)』에서 바울로의 모습에 대한 흥미로운 묘사가 나온다.

바울로는 키가 작았고, 대머리였으며, 밭장다리에 체구가 건장했다. 이목구비가 뚜렷했지만, 약간 매부리

코였다. 아주 매력 있게 생긴 바울로의 모습은 때로는 사내대장부처럼 보였고, 때로는 천사의 얼굴처럼 보였다.

-『바울로와 테클라 행전』

예수와 바울로가 태어나서 활동했던 시기는 정치적으로 소위 '로마의 평화(Pax Romana)'라고 부르는 화평한 시기였다. 훗날 아우구스투스라고 불리는 첫 번째 황제 옥타비아누스는 내전이 끝난 후 기원전 27년에 유일한 지배자로 등장했다. 그의 통치 동안의 로마는 로마법이라고 하는 명쾌한 법으로 다스려졌다. 로마인들은 제국에 기대어 정상적이고 평화로운 상태에서 무역과 예술, 농사, 그리고 각 분야의 문화와 문명을 꽃피울 수 있었다.

평화가 지속되자 교통과 여행도 가능해졌다. 로마의 도로망들은 잘 계획되고 건설되어 있었다. 도로는 일차적으로 군사적 목적을 위한 것이었지만, 교역과 상업을 팽창시키고 시민들이 비교적 편안하고 안전하게 여행할 수 있는 길이기도 했다. 게다가 로마의 해군이 지중해를 지킨 결과 때때로 바다를 어지럽히던 해적들도 얼씬하지 못했다.

고대 이스라엘을 구성한 열두 지파의 첫 임금 '사울'로 불리는 것을 자랑스럽게 여겼던 바울로는 로마의 번영을 직접 체험했지만, 디아스포라의 젊은 유대인들과 달리 조상들의 신앙을 철저하게 따랐다. 그는 자신이 히브리인, 아브라함의 후손이라는 사실을 자랑스럽게 여겼다(로마 11,1; 2고린 11,22; 필립 3,5).

깊은 유대교 신앙을 지녔던 사울은 예루살렘에서 가믈리엘에게 바리사이파 교육을 받았다(사도 22,3). 강화된 유대교 계율을 철저히 지키던 바리사이파 관습에 따라 신학 교육과 함께 천막을 만드는 직업 교육도 받았다. 이렇듯 사울이라는 젊은이는 자신에게 구원을 가져다주는 율법에 대한 기쁨과 함께, 이방인에게 빛을 준다는 디아스포라 유대인의 자의식을 지니고 있었다.

율법을 추종하는 신봉자(갈라 1,14; 필립 3,5-6)로서 사울은 조상의 유산을 약화시키는 모든 것에 투쟁했다. 사울은 예수를 선포했던 최초의 순교자 스테파노가 돌에 맞아 죽은 현장에 있었고, 그를 죽이는 일에도 찬동하고 있었다(사도 7,58; 8,1).

스테파노의 순교 이후에 예루살렘 교회는 심한 박해를

받기 시작했고, 사도들을 제외한 모든 신도들은 박해를 피해서 예루살렘에서 사마리아로, 지중해 연안으로, 그리고 안티오키아 등 여러 지방으로 뿔뿔이 흩어졌다(사도 8장, 11장). 그러던 중에도 그들은 이들 지역에 살던 유대인들에게 복음을 전파했다. 열정적인 사울은 '그리스도의 길'을 추종하는 그리스도교 신자들을 끝까지 포기하지 않고 박해를 위하여 쫓았다.

> 만일 어떤 사람이 세속적인 것을 가지고 자랑하려 든다면 나에게는 자랑할 만한 것이 더 많습니다. 나는 이스라엘 백성 가운데서도 베냐민 지파에서 태어났으며 난 지 여드레 만에 할례를 받았고 히브리 사람 중의 히브리 사람입니다. 나는 율법으로 말하면 바리사이파 사람이며 열성으로 말하면 교회를 박해하던 사람입니다. 율법을 지킴으로써 올바른 사람으로 인정을 받는다면 나는 조금도 흠이 없는 사람입니다. 그러나 나에게 유익했던 이런 것들을 나는 그리스도를 위해서 장해물로 여겼습니다.
>
> – 〈필립비인들에게 보낸 편지〉3,4-7

그리스-로마 문화권에서 자란 바울로는 철저한 바리사이파 교육을 받은 유대인 사울로서의 정체성을 가지고 있었다. 그리고 이를 바탕으로 이제 막 태동하기 시작한 그리스도교의 박해자로서 성경에 등장했다.

그러나 이렇게 자기 확신에 찬 사울은 그 열정 그대로 자신이 박해했던 그리스도교를 지중해 전체에 전파하는 선교자로 활동하게 된다. 도대체 그에게는 무슨 일이 있었던 것일까?

신의 음성을 경험한
다마스쿠스 체험

"사울아, 사울아, 네가 왜 나를 박해하느냐?"
하는 음성이 들려왔다.
사울이 "당신은 누구십니까?" 하고 물으니
"나는 네가 박해하는 예수다. 일어나서 시내로
들어가거라. 그러면 네가 해야 할 일을 일러줄 사
람이 있을 것이다."
하는 대답이 들려왔다.

― 〈사도행전〉 9,4-6

사울이라고도 불리는 바울로는 '신의 나라'를 선포하는 예수의 제자들을 모세의 율법을 파괴하는 이단자들로 생각하고 이들을 박해하는 데 앞장섰다. 그는 자신의 정통적인 유대교 신앙을 지키기 위하여 온갖 힘을 다해서 나자렛 예수에 대항해야 한다고 생각했다.

바울로는 예루살렘의 대사제들에게서 권한을 받아 많은 그리스도인들을 감옥에 처넣고 그들을 처형하는 일에 찬동했다. 심지어 그는 그들에 대한 분노가 극도에 달해서 이방 여러 도시에까지 찾아가서 박해했다(사도 26,9-11).

그런데 바울로가 서른 살 즈음, 그의 인생을 바꾸는 결정적 사건이 벌어졌다. 예루살렘 대사제로부터 숨어 있는 그리스도인들을 체포하여 압송하라는 임무를 받고 다마스쿠스로 가던 길이었다.

사울이 길을 떠나 다마스쿠스 가까이에 이르렀을 때에 갑자기 하늘에서 빛이 번쩍이며 그의 둘레를 환히 비추었다. 그가 땅에 엎드러지자 "사울아, 사울아, 네가 왜 나를 박해하느냐?" 하는 음성이 들려왔다. 사울이 "당신은 누구십니까?" 하고 물으니 "나는 네가 박

해하는 예수다. 일어나서 시내로 들어가거라. 그러면
네가 해야 할 일을 일러줄 사람이 있을 것이다." 하는
대답이 들려왔다. 사울과 동행하던 사람들도 그 음성
은 들었지만 아무것도 보이지 않아 벙벙해서 서 있기
만 하였다. 사울은 땅에서 일어나 눈을 떴으나 앞이 보
이지 않았다. 그래서 사람들이 그의 손을 끌고 다마스
쿠스로 데리고 갔다.

- 〈사도행전〉 9,3-8

바울로는 자기와 함께 간 일행들도 빛을 보았지만 예수
의 음성은 자신만 들을 수 있었다고 전했다. 예수의 현현을
목격한 바울로는 사흘 동안 먹지도 마시지도 않고 그간의
죄를 보속하기 위하여 진실한 통회로 신에게 간절히 기도
했다. 그리고 예수가 지시한 대로 다마스쿠스에 사는 아나
니아에게 가서 세례를 받고 그리스도인이 되었다.

사도행전의 저자 루가는 바울로의 다마스쿠스 체험을
한 번은 직접 이야기하고(사도 9,3-19), 두 번은 바울로의 연
설에(사도 22,6-11; 26,12-18) 끼워 넣어 설명하면서 구약성
경에 등장하는 주요 인물들이 신의 부름을 받는 과정에 부

합하도록 보고한다.

　루가의 보고들은 서사시적으로 매우 상세하고 인상적이어서 오늘날까지 개종이라는 전통적 틀을 만들어냈다. 그렇지만 바울로 자신은 자기 인물이 아니라 주님이 자기에게 주신 부활 증인으로서의 사명을 중심으로 조심스럽게 개종에 대해서 언급한다.

　그러나 하느님께서는 내가 나기 전에 이미 은총으로 나를 택하셔서 불러주셨고 당신의 아들을 이방인들에게 널리 알리게 하시려고 기꺼이 그 아들을 나에게 나타내 주셨습니다. 그때 나는 어떤 사람과도 상의하지 않았고 또 나보다 먼저 사도가 된 사람들을 만나려고 예루살렘으로 가지도 않았습니다. 나는 곧바로 아라비아로 갔다가 다시 다마스쿠스로 돌아갔습니다.
　　　　　　　　－〈갈라디아인들에게 보낸 편지〉1,15-17

　세례를 받은 후 바울로는 3년 동안 아라비아, 곧 다마스쿠스에서 남동쪽으로 자리한 지역에서 지냈다. 역사적 사실에 대해서는 논란의 여지가 있지만 바울로는 개종한 뒤

곧바로 다마스쿠스에 있는 여러 회당에서 설교하기 시작했다(사도 9,20-30).

그리고 상당한 기간이 지난 뒤 유대인들은 바울로를 죽이기로 결의했다. 그렇지만 그들의 모의가 알려져, 바울로는 밤에 바구니를 타고 성벽 아래로 내려가 예루살렘으로 피신할 수 있었다.

그곳에서 바울로는 제자들과 어울리려 했으나, 선교사로 활발히 활동하던 바르나바가 바울로를 변론한 다음에야 어울릴 수 있었다. 예루살렘에서 바울로는 그리스어를 모어로 사용하는 헬라계 유대인들과 토론했으며, 그들도 그를 죽이려 했다. 이 때문에 형제들이 그를 가이사리아로 데리고 가서 다르소로 보냈다.

그 뒤 몇 년 동안 시리아와 길리기아에서 펼친 바울로의 활동에 관해서는 알려진 것이 거의 없으며, 그 뒤 바르나바는 바울로를 길리기아에서 안티오키아로 불러들였다. 바울로는 35년경 베드로 사도를 만나기 위하여 예루살렘으로 간 적이 있었다(갈라 1,18).

예루살렘으로 올라가 성전에서 기도할 때 바울로는 새로운 인물로 변하여 완고한 유대인을 떠나 이방인에게 파견되었다(사도 22,17-21). 그는 사도들의 위임으로 예루살렘을 떠나 이방인의 위대한 선교사가 되었다. 이 방문 후 14년 뒤, 곧 48~49년경 그는 바르나바와 디도와 함께 사도회의에 참석하기 위하여 다시 예루살렘에 올라갔다.

바울로의 회개는 '회개(conversio)'라는 말의 본뜻 '방향을 돌리다'라는 의미를 가장 잘 표현해 주고 있다. 독선적이던 그는 예수의 자기 계시로 큰 충격을 받았고, 갑작스럽고 결정적인 마음의 변화를 경험했다. 이러한 바울로의 회개는 우리가 나중에 다룰 아우구스티누스를 비롯하여 수많은 회개 사건의 전형이 되었다.

그리고 이 말은 종국에, 한 인물이 성인(成人)이 된 뒤 수련을 위하여 수도원에 들어가는 것을 지칭하게 되었다. 수도원에 들어간다는 것은 속세로부터 신앙에 헌신하는 세계로 '방향을 바꾼다'는 것을 뜻했기 때문이다.

이방인을 위한
열정적인 선교 여행

나는 그리스도 예수와 한 몸이 되어
하느님을 위하여 일하는 것을 자랑으로 여깁니다.

– 〈로마인들에게 보낸 편지〉 15,17

회개 후 바울로는 평생에 걸쳐 세 번의 선교 여행을 다니며 열정적으로 복음을 전파했다. 그 과정에서 그는 어떤 일들을 경험했을까? 처음 예루살렘으로 돌아왔을 때 그는 자신이 핍박했던 사람들로부터 의심을 받았다. 하지만 결국에는 그들의 인정을 받아냈으며, 바르나바라고 하는 선배 선교사의 도움까지 받을 수 있었다. 바울로는 첫 번째 선교 여행 대부분을 바르나바와 함께 다녔다.

바울로는 맨 먼저 자신의 고향 다르소 근처에서 선교를 했다. 이후 바르나바가 시리아의 안티오키아에 함께 가자고 했고, 얼마 후 안티오키아는 그리스도교 선교의 중심이 되었다. 후에 바르나바의 사촌이고 복음사가 중 한 명으로 추정되는 요한 마르코와 동행하면서 이 세 사람은 첫 번째 선교 여행을 다녔다.

제1차 선교 여행에서 바울로와 바르나바는 키프로스 섬을 지나 소아시아, 현재 튀르키예 지역인 아나톨리아 반도의 남부 해안을 두루 거쳤다. 그들은 시리아 지역의 안티오키아와 구별되는 피시디아의 안티오키아에서 배척을 당했으므로 동쪽인 라이코니아로 방향을 돌려서 리스트라 시로 갔다.

여기서 바울로는 그 지역 유대인들로부터 돌팔매질을 당하여 거의 사경을 헤매게 되었다. 그 후 그는 시리아의 안티오키아로 돌아오기 전에 아나톨리아 중앙의 데르베까지 약 80킬로미터를 여행했다.

바울로는 예루살렘 공의회 이후에 안티오키아로 돌아와서 아나톨리아 중앙 갈라디아의 새로운 교회에 가보자고 했다. 이 계획에 바르나바도 찬성했다. 그러나 바르나바는 첫 번째 선교 여행 초기에 이들과 헤어졌던 요한 마르코와만 함께 가려 했으므로 바울로는 다른 길을 택하여 떠났다.

바르나바와 요한 마르코는 키프로스로 가는 항로를 택한 반면 바울로는 실라라는 신자와 함께 시리아와 길리기아를 거쳐서 갈라디아로 가는 육로를 택했다. 리스트라에서 바울로와 실라는 디모테오라는 젊은 그리스도인을 만나서 함께 아나톨리아 반도 북서부의 항구 트로아스 시로 향했다.

제2차 선교 여행에서 바울로가 제일 먼저 간 곳은 소아시아의 남쪽 지역이었다. 그 뒤 그는 묵시록에 나오는 예부터 유명한 도시인 에페소, 스미르나, 사르디스, 페르가몬이 있는 로마제국령 소아시아의 서쪽 지역으로 계속 선교 여행을 하려고 했다.

그러나 소아시아를 횡단하는 선교 여행 중에, 바울로는 트로아스에서 환시를 보았다. 에게해 건너에 위치한 마케도니아 사람이 바울로에게 간절하게 호소하는 환시였다. "마케도니아로 건너와서 우리를 도와주십시오(사도 16,9)." 이 환시는 복음 전파에 중요한 전환점을 이룬 돌파구였다.

바울로가 이 요청에 따르고자 결심함으로써 그리스도교는 서방 그리스와 라틴 지역으로 전파되어 나갔다. 그가 옥고를 치른 마케도니아의 동부 도시 필립비에서는 그가 유럽 땅에 최초로 세운 공동체가 성장했다. 선교사들은 필립비 시에서 서쪽 데살로니카로 가서 교회를 세웠다. 하시만 그 지역의 종교 지도자들로부터 박해를 받았으므로 그들은 어쩔 수 없이 베레아를 거쳐 아테네 시로 갔다.

아테네에서 바울로는 유명한 아레오파고 연설에도 불구하고(사도 17,22-31), 교회를 세울 수는 없었다. 따라서 그는 서쪽 고린토 시로 갔는데, 오히려 비도덕성으로 악명 높던 고린토에서 주요 인사들을 개종시키는 데 성공했으며, 그 주변에 교회를 세울 수 있었다.

바울로는 그곳에서 1년 이상을 보낸 후 동쪽으로 배를

타고 아나톨리아의 에페소와 가이사리아를 거쳐 시리아의 안티오키아로 돌아가 여행을 끝냈다.

> 나는 그리스도 예수와 한 몸이 되어 하느님을 위하여 일하는 것을 자랑으로 여깁니다. 이방인들을 하느님께 복종시킨 분은 그리스도이시고 나는 다만 그분의 일꾼 노릇을 했을 따름이라는 것을 강조하고 싶습니다. 나는 그분에게서 기적과 놀라운 일을 할 수 있는 힘 곧 성령의 힘을 받아 예루살렘에서 일리리쿰에 이르기까지 두루 다니면서 말과 활동으로 그리스도의 복음을 남김없이 전파하였습니다.
>
> ― 〈로마인들에게 보낸 편지〉15,17-19

바울로는 선교 여행을 마치고 예루살렘으로 돌아왔다가, 이방인들을 성전으로 데리고 들어갔다는 이유로 그를 공격하던 유대인들의 폭동에 연루되었다(사도 21,27-36). 그는 결국 체포되어 산헤드린 앞에서 재판을 받게 되었고 암살 위협 때문에 가이사리아로 이송되었다. 그곳에서 그는 자신이 로마 시민이므로 로마에서 재판을 받아야 한다고 주장했다. 이후 2년간의 옥살이와 말타 섬 근처에서의 파선 등의 온갖 어려움을 겪고 나서 로마에 도착할 수 있었다.

바울로는 로마가 교회의 지속적인 발전을 위하여 매우 중요하다고 생각했기에, 그곳에서 선교하려는 굳은 결심을 지니고 있었다. 그러나 로마는 종착역이 아니었다. 그는 세상 끝까지, 곧 스페인으로 계속해서 여행하려 했다(로마 15,24:28).

바울로는 그리스도가 다시 와서 모든 것을 아버지께 넘겨주기 전에(1고린 15,28), 기쁜 소식을 모든 민족에게 선포하려는 종말론적 열정에 사로잡혀 있었다. 자신의 기력을 다할 만큼 온 힘을 기울인, 7년 동안의 끊임없는 선교활동을 두고 그는 "이것은 내가 한 것이 아니라 나에게 주신 하느님의 은총으로 된 것입니다(1고린 15,10)"라고 겸손하게 말했다.

04

그리스도교의 의미를
세상의 지혜와 토론하다

내가 아테네 시를 돌아다니며
여러분이 예배하는 곳을 살펴보았더니
'알지 못하는 신에게'라고
새겨진 제단까지 있었습니다.
여러분이 미처 알지 못한 채 예배해 온
그분을 이제 여러분에게 알려드리겠습니다.

– 〈사도행전〉 17,23

바울로는 제2차 선교 여행 중에 당시 문화의 중심지였던 아테네로 가서 복음을 전파했다. 아테네가 신을 인위적으로 형상화한 우상으로 가득 찬 것을 보고는 격분하여, 회당에서는 유대인들과 토론하고, 광장에 나가서는 그곳에 모인 사람들, 특히 에피쿠로스학파와 스토아학파의 몇몇 철학자들과 토론했다.

그들은 바울로가 전하는 새로운 가르침을 자세히 알기 위하여 그를 아레오파고로 데려갔고, 그곳에서 그는 유명한 연설을 행했다. 그는 아테네 시민들에게 조금 더 쉽고 친근하게 복음을 전달하기 위하여 그리스 철학에서 복음과 유사한 점을 찾아내려고 했다. 심지어 아테네 사람들이 잘 알던 아테네 시인들까지 인용했다.

바울로는 아레오파고 법정에 서서 이렇게 연설하였다. "아테네 시민 여러분, 내가 보기에 여러분은 여러모로 강한 신앙심을 가지고 계십니다. 내가 아테네 시를 돌아다니며 여러분이 예배하는 곳을 살펴보았더니 '알지 못하는 신에게'라고 새겨진 제단까지 있었습니다. 여러분이 미처 알지 못한 채 예배해 온 그분을 이제 여러분에게 알려드리겠습니다. … '우리는 그분 안에서 숨 쉬고 움직이며 살아간다.' 하는 말도 있지 않습니까? 또 여러분의 어떤 시인은 '우리도 그의 자녀다.' 하고 말하지 않았습니까? 하느님의 자녀인 우리는 하느님을, 사람의 기술이나 고안으로 금이나 은이나 돌을 가지고 만들어낸 우상처럼 여겨서는 안 됩니다."

— 〈사도행전〉 17,22-23; 28-29

바울로는 이러한 멋진 설교에도 불구하고 아테네에서 그다지 큰 성공을 거두지 못하고, 디오니시오를 비롯한 몇 사람만을 신자로 만들 수 있었다. 그렇지만 바울로의 이러한 대화 태도는 향후 그리스도교 세계의 발전에 관하여 시사하는 바가 크다.

그리스도교는 초기에 견고하게 뿌리를 내려 성장함에 따라, 유대인들과 정치권력자들만이 아니라 이교도 지식인들에게도 혐의와 적의를 불러일으키게 되었다. 점차 그리스도교를 천박하고 저급한 이론이라고 폄하하는 사람들이 늘어났고, 심지어는 그리스도교도들이 식인(食人) 의식을 행하고 근친상간을 한다며 멸시하기도 했다. 게다가 유일신을 선포함으로써 다신교의 국가 전복을 시도한다는 등의 헛소문도 돌았다.

그러나 이러한 핍박 속에서도 그리스도교는 로마제국 내의 하층민들과 여성들을 거쳐 귀족층에까지 퍼져나갔다. 이에 정치가들은 그리스도교를 박해하기 시작했고, 몇몇 세속 철학자들도 이에 동조하여 그리스도교를 학문적으로 반박하거나 공격했다. 그리스도교는 이들 공격에 대처하기 위해서, 자신이 믿는 성경 인용만이 아니라 철학적 논증도 사용할 수밖에 없었다.

'로마의 평화'를 누리던 로마 황제 시대에는 경세적 번영과 함께 도덕적 쇠퇴에 관한 많은 비판이 제기되었다. 가정의 몰락을 비롯하여 성(性)적 권태, 사회적 불평등, 폭력에 관하여 동시대 저술가들은 여러 차례 보고했다.

한편 견유학파와 에피쿠로스학파 및 스토아학파 등 그 시대에 통속적 종교철학은 국민을 교육하려 노력했다. 떠돌이 철학 교사들은 중요한 도덕을 전파했으며, 길거리와 강당에서 실제로 까다롭지 않은 윤리를 설교했다.

그들은 삶의 의미에 관한 질문을 끊임없이 제기하며, 세간에 널리 통용되는 견해를 비판했다. 이들과의 토론에서 바울로는 그리스도로 말미암아 모든 인간이 신 앞에서 평등하다고 구원론적으로 해석했다.

> 유다인이나 그리스인이나 종이나 자유인이나 남자나 여자나 아무런 차별이 없습니다. 그리스도 예수 안에서 여러분은 모두 한 몸을 이루었기 때문입니다. 여러분이 그리스도에게 속했다면 여러분은 아브라함의 자손이며 따라서 약속에 의한 상속자들입니다.
>
> — 〈갈라디아인들에게 보낸 편지〉 3,28-29

바울로는 당대 널리 퍼져 있던 세계주의를 표방함으로써 그리스도교를 설파했고, 이는 같은 생각을 지닌 많은 사람들의 마음을 움직였다. 우리는 그에게서 청중의 마음을 움직이는 수사학적 기술만이 아니라, 그들의 문화에 부합하게 새로운 종교를 선교하는 토착화의 모범을 발견하게 된다.

바울로의 설교는 자기 입장만을 강요하는 독백이 난무한 현대에 진정한 대화의 기술이 무엇인지 돌아보게 해준다.

05

온 인류에게 열려 있는
그리스도교의 구원

나는 그리스도와 함께
십자가에 달려 죽었습니다.
이제는 내가 사는 것이 아니라
그리스도가 내 안에서 사시는 것입니다.

– 〈갈라디아인들에게 보낸 편지〉 2,19-20

바울로의 극적인 회개와 열정적인 선교의 중심에는 바로 '예수 그리스도'의 부활에 근거한 신앙고백이 자리하고 있다. 서기 56년경에 이미 바울로는 고린토 신자들에게 다음과 같은 편지를 보냈다.

> 나는 내가 전해 받은 가장 중요한 것을 여러분에게 전해 드렸습니다. 그것은 그리스도께서 성서에 기록된 대로 우리의 죄 때문에 죽으셨다는 것과 무덤에 묻히셨다는 것과 성서에 기록된 대로 사흘 만에 다시 살아나셨다는 것과 그 후 여러 사람에게 나타나셨다는 사실입니다. 그리스도께서는 먼저 베드로에게 나타나신 뒤에 다시 열두 사도에게 나타나셨습니다.
>
> – 〈고린토인들에게 보낸 첫째 편지〉 15,3-5

바울로는 여기서, 과거 다마스쿠스 성문 근처에서 겪은 자신의 체험이 바로 예수와 관련되어 있다는 확신을 가지고 있었다. "그 뒤에 야고보에게 나타나시고 또 모든 사도들에게도 나타나셨습니다. 그리고 마지막으로 팔삭둥이 같은 나에게도 나타나셨습니다(1고린 15,7-8)." 바로 이 확신을 토대로 바울로는 곧바로 여러 회당에서 예수는 신의 아들이라고 선포했다(사도 9,20).

이미 말한 바와 같이 바울로는 자신이 유대인 출신이라는 사실에 자긍심이 있었다. 그는 신의 율법을 받고 메시아가 태어나도록 선택받은 이스라엘의 높은 위상을 알고 있었다(로마 9,3-5). 그러나 이스라엘은 자신을 신의 아들이라 선포하는 예수에 대한 신앙을 거부했고, 그 사실에 바울로는 매우 괴로워했다. 그는 초기 편지에서 이렇게 한탄했다.

그 유다인들은 주님이신 예수와 예언자들을 죽이고 우리를 몰아냈습니다. 그래서 그들은 하느님의 마음을 상하게 해드리고 모든 사람의 원수가 되었습니다.

— 〈데살로니카인들에게 보낸 첫째 편지〉 2,15

유대교는 예수의 언행을 자신이 믿는 신의 절대성을 해치는 것으로 보고 신성모독으로 취급했다. 더욱이 유대교는 할례받은 이들만이 구원을 받을 수 있다는 배타적 구원관을 지니고 있었다.

그러나 바울로는 동족에 대한 실망 안에서 오히려 유대

인들의 거부 안에 담겨 있는 숨은 의미를 깨달았다. 이방인들 모두가 구원 계획에 들어올 때까지 이방인들에게도 믿음의 기회를 열어주는 역할을 하게 된 것이다. 그래서 그는 자신을 통하여 예수 그리스도를 "이방인들에게 널리 알리게 하시려고 기꺼이 그 아들을 나에게 나타내 주셨습니다(갈라 1,16)"라고 고백했던 것이다.

이러한 변화의 중심에는 추상적 신에 대한 단순한 고백이 아닌 인간을 자유롭게 해주고자 하는 신의 구원 계획에 대한 확신이 자리 잡고 있다. "그리스도께서 우리를 해방시켜 주셔서 우리는 자유의 몸이 되었습니다(갈라 5,1)."

바울로는 그리스도가 당신의 영광스러운 십자가로 인류를 노예로 만든 죄에서 구원했다고 선포하고 다녔다. 세례자 요한이 예수에 앞서 하늘나라의 다가옴을 선포한 것만 알고 있던 이들에게도 성령으로 세례를 베풀었다. "주님의 성령이 계신 곳에는 자유가 있습니다(2고린 3,17)."

그리스도인들이 누려야 할 자유의 좋은 예는 '예루살렘 사도 회의'의 결정에서 잘 드러난다. 바울로와 바르나바가 안티오키아에 있었을 때 할례 의식을 둘러싸고 논쟁이 일어났다. "바리사이파에 속했다가 신도가 된 사람(사도 15,5)"

의 몇 극단적 무리가 모세의 율법에 정해진 대로 할례를 받지 않으면 구원을 받을 수 없다고 주장했다.

바울로와 바르나바는 이러한 주장에 강하게 반대했고, 결국 양 진영의 대표단이 예루살렘에 파견되었다. 유대교 지도자들로부터 수차례 배척을 당한 후 이방인 선교로 방향을 잡은 바울로는, 구원을 위해서는 그리스도에 대한 신앙만이 필요할 뿐이라고 역설했다.

나는 이미 율법의 손에 죽어서 율법의 지배에서 벗어나 하느님을 위하여 살게 되었습니다. 나는 그리스도와 함께 십자가에 달려 죽었습니다. 이제는 내가 사는 것이 아니라 그리스도가 내 안에서 사시는 것입니다. 지금 내가 살고 있는 것은 나를 사랑하시고 또 나를 위해서 당신의 몸을 내어주신 하느님의 아들을 믿는 믿음으로 사는 것입니다. 나는 하느님의 은총을 헛되게 하지는 않습니다. 만일 사람이 율법을 통해서 하느님과 올바른 관계를 맺을 수 있다면 그리스도의 죽음은 헛일이 될 것입니다.

－〈갈라디아인들에게 보낸 편지〉 2,19-21

유대계 그리스도인들은 이방인들도 구원을 얻으려면 할례를 포함한 유대교 율법을 준수해야 한다고 주장했다. 예루살렘 사도 회의에서 사도 베드로와 야고보는 바울로의 입장을 옹호했으며, 보수적인 유대인들의 의견은 받아들이지 않았다.

　사도들과 원로들은 논쟁이 벌어진 지역의 그리스도인들에게 우상을 숭배하거나 음행을 저지르지 말 것을 독려하며, 이제 그리스도인이 된 이상 유대교의 계율을 지키는 짐은 지지 않아도 된다는 내용의 편지를 썼다.

　예루살렘 사도 회의는 바울로와 바르나바가 자신들의 선교 여행에 대하여 보고하는 것으로 끝났다. 원로들은 이 두 사람이 이방인들 사이에서 행한 일들에 대해서 칭찬했으며, 계속 노력해 달라고 격려했다.

　오랫동안 유대의 율법을 지키는 것으로만 구원이 올 것이라 기대했던 바울로는 자신의 성령 체험을 통하여 진정한 자유를 느꼈다. 이를 바탕으로 율법의 속박에서 벗어나서 이러한 자유를 인류에게 전하기 위하여 자신의 피, 땀, 눈물을 흘려가며 혼신의 힘을 다했던 것이다.

사랑의 힘만이
공동체를 지탱한다

믿음과 희망과 사랑,

이 세 가지는 언제까지나 남아 있을 것입니다.

이 중에서 가장 위대한 것은 사랑입니다.

– 〈고린토인들에게 보낸 첫째 편지〉 13,13

'예루살렘 사도 회의'를 통해서 이제 그리스도교 신앙은 유대교에 얽매이지 않게 되었다. 따라서 이제 누구나 자신의 고유한 문화를 송두리째 저버리지 않고서도 자유롭게 복음을 받아들일 수 있었다. 그리하여 그리스도교는 전 세계인을 위한 보편적 종교로 거듭났다.

바울로는 아름다운 비유들을 통해서 보편적 교회 공동체가 나아가야 할 방향을 제시했다. 그는 그리스도의 지체인 교회와 각 신자를 주님이신 그리스도와 영적으로 오직 하나가 되기로 '약혼한' 신부라고 표현한다. 교회는 흠 없는 어린양의 흠 없는 신부이다.

그리스도는 이 신부를 사랑하여 "거룩하게 하시려고(에페 5,26)" 자신을 내어주었으며, 영원한 계약을 통하여 결합하고 자신의 몸처럼 끊임없이 신부를 돌보아 준다. 그리스도와 교회의 혼인 관계를 바울로는 "심오한 진리(에페 5,32)"라고 부른다. 교회는 마치 신랑과 결합하듯 그리스도와 결합하기 때문에 이제 교회도 심오한 진리가 된다.

그렇지만 이토록 진리를 대표하는 교회 안에서도 크고 작은 분쟁은 끊임없이 일어났다. 가장 대표적인 것은 예루살렘 사도 회의에서 두드러지게 나타났던 유대인 원시공동체와 새로운 이방인 공동체 사이에서 나타난 문화적 차이였다. 그리고 이러한 분쟁은 유대인 공동체와의 관계에서만 벌어진 것이 아니었다. 이방인들을 위한 선교사들 사이에서도, 그리스 문화권에 속한 공동체에서도 일어났다. 바울로도 제2차 선교 여행을 앞둔 시점에서 요한 마르코의 동행 문제를 이유로 바르나바와 심한 언쟁을 벌인 바 있었다.

공동체 안에서 일어난 심한 분쟁으로는 고린토 교회를 주목할 만하다. 고린토 교회에는 종교적인 열정과 카리스마(charisma)가 넘쳐나고 있었다. 바울로는 때때로 고린토 교회의 지나친 열정에 대하여 자중하도록 충고했다.

고린토 교회가 가진 가장 특별한 은사, 특은(特恩)은 이해할 수 없는 "이상한 언어"로 말하는 카리스마였다(1고린 13장, 14장). 바울로에 따르면 카리스마라는 특별한 은사, 예를 들어 기적이나 이상한 언어의 은사는 개인의 영광을 위한 것이 아니라 교회의 공동선을 목적으로 하며, 교회의 건설에 이바지해야 한다.

그럼에도 고린토 교회에서는 이와 같은 은사의 목적이 잘 지켜지지 않아 분쟁이 끊이지 않았고(1고린 3,3-9), 그리스도인으로서의 자유를 남용한 끝에 그리스도인답지 못하게 음행을 저지르는 사람들도 있었다(1고린 5,1) 더욱이 주님의 만찬 때 가지고 온 음식을 가난한 이들과 함께 나누어 먹지 않고 자기들끼리만 먹으려고 다투기까지 했다(1고린 11,17-22).

교회 공동체 내에서의 분쟁을 해결하기 위한 방법으로 바울로가 제안한 것은 바로 '사랑'이었다.

> 사랑은 오래 참습니다. 사랑은 친절합니다. 사랑은 시기하지 않습니다. 사랑은 자랑하지 않습니다. 사랑은 교만하지 않습니다. 사랑은 무례하지 않습니다. 사랑은 사욕을 품지 않습니다. 사랑은 성을 내지 않습니다. 사랑은 앙심을 품지 않습니다. 사랑은 불의를 보고 기뻐하지 아니하고 진리를 보고 기뻐합니다. 사랑은 모든 것을 덮어주고 모든 것을 믿고 모든 것을 바라고 모든 것을 견디어냅니다. … 믿음과 희망과 사랑, 이 세 가지는 언제까지나 남아 있을 것입니다. 이 중에서 가장 위대한 것은 사랑입니다.
>
> – 〈고린토인들에게 보낸 첫째 편지〉13,4-7;13

교회 안에서 이루어지는 특은과 봉사와 덕행까지도 모두 아무 소용이 없다. 사랑은 모든 덕에 앞서며, 믿음과 희망과 사랑 중에 으뜸이다. 바울로는 '네 이웃을 너 자신처럼 사랑해야 한다'는 예수의 말씀을 상기시킨다.

> 남을 사랑하는 사람은 이미 율법을 완성했습니다. "간음하지 마라. 살인하지 마라. 도둑질하지 마라. 탐내지 마라." 한 계명이 있고 또 그 밖에도 다른 계명이 많이 있지만 그 모든 계명은 "네 이웃을 네 몸같이 사랑하여라." 한 이 한마디로 요약될 수 있습니다. 이웃을 사랑하는 사람은 이웃에게 해로운 일을 하지 않습니다. 그러므로 사랑한다는 것은 율법을 완성하는 일입니다.
>
> ─〈로마인들에게 보낸 편지〉13,8-10

07

신의 권능은
약자에게 드러난다

나는 그리스도를 위해서
약해지는 것을 만족하게 여기며,
모욕과 빈곤과 박해와 곤궁을 달게 받습니다.
그것은 내가 약해졌을 때
오히려 나는 강하기 때문입니다.

– 〈고린토인들에게 보낸 둘째 편지〉 12,10

열정적으로 선교를 이어가며 여러 곳에 교회를 세웠던 바울로는 각 교회가 겪는 위기에 마음 아파했다. 그는 자신의 체험으로 미루어 봤을 때, 사랑의 원칙만으로 교회의 일치가 이루어지기 힘들다는 사실도 알고 있었다.

대부분의 유대인들은 예수에 관한 복음의 메시지를 전혀 들으려고 하지 않으며 바울로에게 강한 적개심을 내보였다. 심지어 그리스도교로 개종한 유대인들 또한 예루살렘 사도 회의의 결정을 존중하지 않고 끊임없이 분쟁을 일으켰다.

그들은 안티오키아에서 행패를 부렸으며, 바울로는 소아시아 선교에서 이 "가짜 신도들(갈라 2,4)"의 횡포를 참아야 했다. 이들은 그가 갈라디아에서 거둔 성과를 수포로 돌아가게 하려고 시도했다.

이른바 예루살렘의 추천 서한을 가지고(2고린 3,1) 종파를 이루어 이미 위태롭게 된 고린토 공동체에도 파고들었으며, 바울로에게서 사도의 권위를 박탈하기까지 했다. 이에 못지않게 이방인들 또한 순례객들과 성전에 빌붙어서 장사를 하고 있었기 때문에, 그의 행동을 못마땅하게 생각했다(사도 19,21-40).

하지만 바울로는 이러한 모든 고난을 극복할 수 있는 힘을 가지고 있었다. 그 힘은 그의 주님이 보여주신 독특한 모범으로부터 나왔다.

주님께서는 "너는 이미 내 은총을 충분히 받았다. 내 권능은 약한 자 안에서 완전히 드러난다." 하고 번번이 말씀하셨습니다. 그래서 나는 그리스도의 권능이 내게 머무르도록 하려고 더없이 기쁜 마음으로 나의 약점을 자랑하려고 합니다. 나는 그리스도를 위해서 약해지는 것을 만족하게 여기며, 모욕과 빈곤과 박해와 곤궁을 달게 받습니다. 그것은 내가 약해졌을 때 오히려 나는 강하기 때문입니다.

－〈고린토인들에게 보낸 둘째 편지〉12,9-10

바울로는 그리스도의 권능이 자신에게 머무르도록 하기 위하여 더없이 기쁜 마음으로 자신의 약점을 자랑했다. 더 나아가 자신의 고통을 견뎌내면서 "나는 그리스도의 몸인 교회를 위하여 그리스도의 남은 고난을 내 몸으로 채우고 있습니다(골로 1,24)"라는 자부심을 지니고 있었다.

이러한 확신을 가지고 마지막 선교 여행을 앞둔 바울로
는 예루살렘으로 가서 야고보에게 자신이 모금한 선교 헌
금을 전달했다. 바울로는 선교 헌금을 단지 물질적 곤경을
덜어주는 수단이나 예루살렘 원시공동체에 대한 복종의
표시로 이해하지 않았다.

　　바울로에게 그 헌금은 유대인들과 이방인들로 이루어진
교회의 일치를 뒷받침하는 것이었다. 그러나 그가 자신들
의 관습을 무시한다고 느낀 유대인들은 폭동을 일으켰고,
바울로는 이에 연루되고 만다. 그는 폭동을 촉발했다는 죄
목으로 체포당하여 이후 가이사리아의 감옥에서 2년 동안
지냈다.

　　로마 시민으로서의 권리를 주장했던 바울로는 대리인을
통하여 로마 황제에게 제소했고, 죄인의 신분으로 로마로
압송되었다. 비록 죄인의 신분이었지만, 바울로는 2년 동
안 공공장소에서 아무런 제지도 받지 않고 신의 나라와 예
수 그리스도에 대한 복음을 전파하도록 허락받았다.

　　바울로는 셋집을 얻어 거기에서 만 이 년 동안 지내면
서 자기를 찾아오는 사람을 모두 맞아들이고 아무런

방해도 받지 않고 하느님의 나라를 아주 대담하게 선
포하며 주 예수 그리스도에 관하여 가르쳤다.

– 〈사도행전〉 28,30-31

바로 이 구절이 사도행전의 마지막 구절이다. 바울로의
이후 행적에 대해서는 명확하게 알려진 바가 없다. 그의 죽
음에 관해서는 로마에서 순교했다는 사실만 확실하게 알
려져 있다.

바울로는 예루살렘으로 여행하며 밀레투스에서 행한 작
별 연설을 통하여 자신의 죽음을 암시한다(사도 20,18-35).
초기 교회 자료에는 바울로의 스페인 선교 여행에 대한 이
야기가 언급되어 있으나 그 사실 여부는 학문적으로 확인
하기 어렵다.

"훌륭하게 싸웠고 달릴 길을 다 달렸(2디모 4,7)"던 바울
로는 로마에서 오스티아로 뻗은 국도에 있는 산 파올로 푸
오리 레 무라(S. Paolo fuori le mura) 교회에서 영원한 안식을
누리고 있다. 그가 겪은 고난과 그에 관한 인내에 대하여
초기 교부에 속하는 로마의 클레멘스(Clement of Rome)는 다
음과 같이 평가했다.

질투와 불화를 통해서 바울로는 인내의 상급을 받는 길을 보여주었습니다. 그는 일곱 번이나 쇠사슬에 묶이고, 추방을 당하고, 돌에 맞으면서도 동방과 서방에서 복음을 전함으로써 신앙의 고귀한 명예를 얻었습니다. 그는 세상 곳곳에 정의를 선포하고 서쪽 땅끝까지 가서 통치자들 앞에서 증언을 한 뒤에 이 세상을 떠나 거룩한 장소로 갔습니다. 그리하여 그는 인내의 가장 뛰어난 표본이 되었습니다.

－『고린토 신자들에게 보낸 클레멘스의 첫째 편지』5

그리스도교를 세계종교로
만든 장본인

유다인들은 기적을 요구하고
그리스인들은 지혜를 찾지만
우리는 십자가에 달리신
그리스도를 선포할 따름입니다.

– 〈고린토인들에게 보낸 첫째 편지〉 1,22-23

예수와 바울로가 살았던 당시 지중해 연안의 세계는 많은 면에서 번영을 누리고 있었다. 그러나 로마제국 내에 보이기 시작한 분열의 조짐은 확실히 정신적으로는 불안정한 모습이었다. 바울로는 엄격한 바리사이파 교육을 받은 만큼 철저하게 유대교 토양에 뿌리박고 있으면서도, 동시에 고향 다르소로 상징되는 헬레니즘 정신에 흠뻑 젖어 있었다.

이처럼 율법에 충성하던 바리사이 바울로는 신의 율법을 위한 뜨거운 열정 때문에 그리스도인들을 박해했다. 그러던 그가 그리스도 신앙으로 돌아선 것은 환상 중에 예수가 부활했음을 생생히 체험했기 때문이었다. 바울로는 회개 체험을 통하여 이스라엘의 메시아 예수를 유대인과 이방인을 아우르는 온 세상의 메시아로 선포해야 할 소명을 자각하게 되었다.

세상이 자기 지혜로는 하느님을 알 수 없습니다. 이것이 하느님의 지혜로운 경륜입니다. 그래서 하느님께서는 우리가 전하는 소위 어리석다는 복음을 통해서 믿는 사람들을 구원하시기로 작정하셨습니다. 유다인들은 기적을 요구하고 그리스인들은 지혜를 찾지만 우리는 십자가에 달리신 그리스도를 선포할 따름입니다. 그리스도가 십자가에 달렸다는 것은 유다인들에게는 비위에 거슬리고 이방인들에게는 어리석게 보이는 일입니다. 그러나 유다인이나 그리스인이나 할 것 없이 신의 부르심을 받은 사람들에게는 그가 곧 메시아시며 하느님의 힘이며 하느님의 지혜입니다.

－〈고린토인들에게 보낸 첫째 편지〉1,21-24

바울로는 또한 예수가 실제로 행했고 말했던 것을 신학적으로 설명하고 실천한·최초의 그리스도교 신학자였다. 그가 받았던 바리사이파 교육과 구약에 대한 해박한 지식뿐만 아니라, 어렸을 때부터 친숙했던 헬레니즘 세계의 관념들도 그의 선교에 큰 도움이 되었다.

바울로는 이미 본 바와 같이 아테네의 아레오파고 법정에서의 연설을 통해서, 그리고 수많은 그의 서간들 안에서 그리스도교를 설명하고자 그리스 철학의 표상들을 자유자재로 사용했다. 그는 그리스도교를 어리석다고 판단하는 이 세상의 지혜를 비판하지만, 그것을 그 자체로서는 인정하며 그리스도교의 이론 전파에 활용했던 것이다.

이뿐만 아니라 자신의 열정적인 선교활동을 통하여 신의 선민에 속하지 못한 이방인들에게 유대교의 복잡한 계명들을 지키지 않고도 신에게 나아갈 수 있는 길을 마련해 주고자 했다. 인간은 그 온갖 '율법'을 꼼꼼히 지켜야 신 앞에 '의롭게' 되는 것이 아니다. 결정적인 것은 모든 인간을 진정으로 자유롭게 만드는 신에 대한 무조건적인 믿음, 신의 뜻을 신뢰하며 자신을 내맡기는 일이다.

바울로에 의하여 그리스도교의 이방인 선교는 전 로마제국에서 결정적인 성공을 거두었고 그리스도교 메시지의 참된 토착화가 이루어졌다. 그의 이러한 신학적 통찰과 선교적 실천은 이제 막 성장하기 시작한 그리스도교가 전체 세계의 역사를 변혁시킬 토대를 마련해 준 것이었다.

예수 당시의 팔레스티나에 널리 퍼져 있던, 소위 '묵시문학적 패러다임'은 모든 반대자를 무찌르고 승리할 구세주를 기다리는 것이었고, 이것이 바울로에 의하여 로마제국 전역에서 통용되는 '보편적 헬레니즘 패러다임'으로 전환된 것이었다(한스 퀑). 패러다임 전환에 결정적 역할을 한 최초의 신학자는 두말할 것 없이 바울로였다.

이처럼 유대교의 작은 '분파'였던 그리스도교는 바울로

에 의하여 마침내 세계종교로 발전했다. 이로써 동방과 서방은 엄청난 군사적 권력을 바탕으로 통합을 시도했던 알렉산더대왕 때보다 이 종교 안에서 더 긴밀히 결합되었다.

유대교는 이미 보편적 유일신 신앙을 지녔음에도 불구하고 세계종교가 되지 못했지만, 그 뿌리에서 나온 그리스도교는 인류의 보편적 세계종교가 되었다. 모두 바울로의 덕이라고 해도 과언이 아니다.

바울로가 없었다면 가톨릭교회도, 그리스-라틴 교부신학도, 그리스도교적 헬레니즘 문화도, 콘스탄티누스 황제의 밀라노 칙령도 없었을 것이다. 더욱이 그리스-로마 문화와 그리스도교의 교차점에서 탄생한 중세철학의 유구한 역사도 태동하지 못했을 것이다.

일상적 대화에서처럼 그리스도교와 주변 문화 사이에 이루어졌던 대화 역시 대화에 참여하는 상대자를 변화시켰다. 그리스도교는 그것이 자라난 헬레니즘 문화를 변화시켰고, 바울로를 통해서 받아들여진 헬레니즘 문화는 다시 초기 그리스도교의 신앙에 근본적으로 다른 색채를 부여했다.

PART 2

플로티노스

사상과 학문의 원천,
신플라톤주의

플로티노스 Plotinos, 204/205~270

서양 고대 후기의 대표적 철학사조인 '신플라톤주의' 주창자.

고대철학의 산실이던 플라톤의 아카데미아는 헬레니즘기에 들어와 당시 널리 퍼져 있던 에피쿠로스학파와 스토아학파의 교조주의에 대항하기 위한 회의주의적 노선을 표방했다. 그러나 이에 반대해서 플라톤 철학을 '진리'를 지닌 하나의 체계적 이론으로 재구성하려는 일군의 철학자들이 등장했고, 자신을 '플라톤주의자'라 칭했다.

그는 이들을 대표하는 인물로서, 플라톤 형이상학의 핵심 분야인 원리론에서 두각을 나타냈다. 무엇보다 만물의 원리로서 제시된 하나, 즉 '일자(一者)'의 초월성에 대하여 끈질긴 탐구와 과감한 사변을 이루어냈으며, 이를 바탕으로 유출설이라는 새로운 철학체계를 완성했다. 그에 관한 가장 중요한 자료인 『엔네아데스(Enneades)』는 제자 포르피리오스가 그의 단편들을 주제에 맞추어 9편씩 6집으로 나누어 편집한 책이다.

후에 '신플라톤주의'라고 불리게 된 그의 사상은 헬레니즘 운동과 아우구스티누스를 비롯한 많은 중세철학자들에게 지대한 영향을 미쳤다. 이 밖에도 그리스도교 및 이슬람 신학의 성립 및 발전과 신비주의 형성에도 막대한 영향을 끼쳤으며, 독일 관념론과 베르그송 등에 철학적 토대를 마련해 주었다.

제국의 쇠퇴기에 나타난
금욕의 철학자

플로티노스는 자신이 육체 안에 있는 것을
부끄러워하는 것처럼 보였다.

－『플로티노스의 생애』 1

고대 그리스의 플라톤 철학을 계승하여 발전시킨 플로티노스는 중세철학 및 신비주의를 비롯한 다양한 사상적 흐름에 지대한 영향을 미친 인물이다. 스승 플로티노스의 전체 작품을 편찬한 애제자 티레의 포르피리오스(Porphyrios)는 전집 맨 앞에 플로티노스의 전기(傳記)를 실었다. 그러나 플로티노스의 전기는 주인공의 출신 배경, 타고난 본성, 교육 및 업적을 순차적으로 기술하는 고대 수사학의 관례를 따르지 않는다.

포르피리오스가 이렇게 파격적 형식을 취한 것은 그의 스승 플로티노스가 통상적 위인들을 능가하는 일종의 '철학적 성인'임을 밝히기 위한 시도였다. 그럼에도 플로티노스의 생애를 전기적 순서에 따라 재구성해 보면 다음과 같다.

플로티노스는 서기 205년경 아마도 로마제국 내 이집트에서 태어나 28세에 철학에 뜻을 세우고, 당시 학문의 중심지인 알렉산드리아로 올라갔다. 당시 최고의 지성이 모여 있던 그곳에서 암모니오스 사카스(Ammonios Sakkas)로부터 매우 다양한 철학자들과 사상들에 대하여 11년간 폭넓게 공부했다.

페르시아와 인도 사상에 대한 관심 때문에 243년 로마 황제 고르디아누스 3세의 페르시아 원정에 참여했지만, 황제의 암살로 원정이 무산되자 안티오키아로 피신하기도 했다. 40세가 되던 244년, 플라톤의 이상 국가인 '플라토노폴리스(Platonopolis)'를 실질적으로 실현해 보고자 로마로 가서 사설 학원을 세웠다. 이후 20여 년 동안 다양한 청중을 대상으로 철학을 가르치다 268년 병환으로 이탈리아 반도 남부의 캄파니아로 은퇴했고, 270년 지병으로 사망했다.

플로티노스가 태어나 활동한 3세기는 찬란했던 로마제국이 군인들의 발호로 쇠퇴하고 있던 '군인 황제 시대'였다. 군인들의 횡포가 심하여 여러 도시들이 큰 피해를 입었고 부유한 시민들은 세리들을 피하기 위하여 다른 곳으로 도망치고 있었다.

플로티노스는 이처럼 어지러운 바깥세상에는 크게 개의치 않고 선과 미, 그리고 영원한 세계에 대한 철학적 명상에 주력했다. 제자 포르피리오스에 따르면, 플로티노스는 정신 집중을 위하여 최소한의 음식과 수면만을 취했고, 육식을 삼가는 금욕적인 인물이었다.

우리의 동시대인이었던 철학자 플로티노스는 자신이 육체 안에 있는 것을 부끄러워하는 것처럼 보였다. 그가 자신의 종족에 대해서도 부모에 대해서도 그리고 고향에 대해서도 이야기하는 것을 용납하지 않은 것은 이 때문이다.

—『플로티노스의 생애』1

당시 로마제국 안에서는 공중목욕탕이 사교장의 역할까지 했지만 플로티노스는 목욕탕을 찾지 않았다. 또한 그는 결코 자신의 생일을 기뻐하지 않았다. 이러한 식으로 포르피리오스는 플로티노스를 육체를 소홀히 하고 오직 정신에만 집중했던 금욕주의자로 묘사한다.

그러나 많은 학자들은 플로티노스가 포르피리오스의 기록과 달리 육체를 미워하지도 않았고, 그것과 함께 사는 것을 추하다고 여기지도 않았으리라고 추정한다. 플로티노스는 그리스도교 초기에 사막이나 광야에 머물던 고독한 은수자(隱修者)와는 다른 삶을 살았기 때문이다.

플로티노스는 제국의 수도 로마에 학원을 설립하여 성과 인종, 직종, 신분의 차별 없이 모두에게 개방했다. 그의 문하에는 직업적 철학자들뿐만 아니라, 아랍과 이집트에서 온 의사들이 있었고, 심지어 원로원 회원들과 황제와 황후도 플로티노스의 수업을 청강했다.

플로티노스는 수업 시간에 학생들에게 질문하기를 권장했는데 이 때문에 수업이 다소 혼란스러웠고 일부 학생은 불평을 터뜨렸다고 한다. 그러나 그는 개의치 않고 자신의 학생들이 비판적인 정신을 가진다든지, 영감에 가득 찬 비의적인 글을 써낼 때 칭찬을 아끼지 않았다.

포르피리오스의 묘사에 따르면, "그가 말할 때는 그의 정신(nous)이 드러나 그 빛이 그의 얼굴까지 비추었고, 그는 보기에 늘 매력적이었지만, 특히 그때 더 아름답게 보였다(『플로티노스의 생애』 13)."

플로티노스는 각별한 천재성을 지닌 인물이어서, 그의 정신은 한 번도 해이해지는 법이 없었고 언제나 최고의 지성을 향했다. 그는 매우 많은 학생들에게 아버지와 같은 존재였으므로 크고 작은 삶의 문제에 대하여 상담을 해주고는 했다.

매우 예민한 포르피리오스가 자살을 하려 하자 이를 말린 적도 있었다. 또한 진실과 거짓을 가려낼 줄 아는 놀라운 분별력을 지녔던 플로티노스는 논쟁을 중재해 달라는 부탁을 자주 받았다. 심지어 여러 부유한 로마인들이 죽기 전에 그를 자기 자녀들의 양육권자로 지정하기도 했다.

플로티노스의 이름과 함께 따라다니는 '신플라톤주의' 라는 명칭은 고대 후기에 전개된 플라톤주의를 플라톤 자신의 철학과 구분하기 위하여 근대에 도입한 것이다. 그러나 플로티노스는 자신의 논의가 새로운 것이 아니라, 오직 플라톤 철학의 충실한 해석일 뿐이라고 주장했다. 과연 그의 사상 안에는 어떤 새로운 요소가 있었던 것일까?

유출설,
존재의 문제를 해결하다

일자는 충만하여 있기 때문에 넘쳐흐를 것이다.
그러나 완전히 다 흘러넘쳐 버리지는 않는다. …
완전한 것은 필연적으로
'불완전한 것에 앞서 있다'는 것과 같다.

– 『엔네아데스』 V 4,1

플로티노스는 단순히 플라톤의 사상을 해석한 것뿐이라고 자신을 낮추었지만, 철학사가들이 그의 철학을 단순한 플라톤의 해석이 아니라 종종 발전이나 전개라고 보게 만든 데에는 중요한 차이가 존재했다.

플라톤은 이데아를 설명하는 '동굴의 비유'나 '선분의 비유' 등에서 영원불변한 지성계(知性界)와 감각적으로 파악이 가능한 감각계(感覺界)를 뚜렷이 구분했다. 그 두 세계의 사이를 설명하기 위하여 감각계가 지성계를 모방하고 있다거나 지성계에 참여한다는 등의 표현을 썼지만, 그 과정을 분명하게 밝히지는 못했다.

그러나 플로티노스는 "어찌 '하나'에서 다수가 흘러나왔는가?" 하는 당시 새롭게 제기된 물음에 집중하여 사상을 펼쳤다. 소위 '영원한 것이 그대로 완전한 채로 머물러 있지 않고, 이 세상의 불완전한 다수의 다양한 것들로 존재하게 되었는가?' 하는 '난해한 물음'에 그는 자신의 '유출설(流出說)'을 통하여 답변했다.

일자는 충만하여 있기 때문에 넘쳐흐를 것이다. 그러나 완전히 다 흘러넘쳐 버리지는 않는다. 이것은 마치 태양이 빛을 발산하면서도 손해를 보지 않고, 혹은 본래적인 모습이 거울에 비친 모습을 생기게 하고, 샘이 개울을 흐르게 하는 것과 같은 것이며, 완전한 것은 필연적으로 '불완전한 것에 앞서 있다'는 것과 같다.

—『엔네아데스』V 4,1

플로티노스는 샘과 그 샘에서 흘러내리는 흐름에 관한 비유를 제시하면서, '유출(emanatio)'이라는 표현을 사용했다(『엔네아데스』III 8, 10). 존재의 거대한 연쇄 안에서 더 높은 단계는 바로 밑의 단계를 위한 원인이 된다. 모든 결과는 그 원인보다 조금씩 열등한 것이기 때문에 유출의 과정에는 단계적인 손실이 따른다.

따라서 실재성은 마치 빛이 멀어지면 약해지는 것과 마찬가지로 아래로 내려갈수록 점점 줄어들어, 마침내 감각계는 지성계의 그림자밖에 되지 못한다. 이처럼 결과가 지닌 열등함은 결과가 자신의 원인으로 되돌아갈 때 극복된다.

플로티노스는 존재의 등급 그 최정상에는 일자(to hen)와 정신(nous)과 세계영혼(psyche)이라는 세 가지 신적 존재가 있다고 보았다. '하나', 즉 일자(一者)는 그가 내세운 만물의 최종 원리이다.

플로티노스는 이 근원적 '하나'를 플라톤이 말하는 '선 (善)의 이데아', 즉 "힘과 품격에 있어서 존재의 저 너머에" 자리한다는 선 자체와 동일시한다(『국가』509b8). 일자는 최 고선이므로 일자 밑의 모든 존재는 선 그 자체와는 다르다.

플로티노스는 규정성을 존재의 근거로 간주했으며, 존 재의 규정을 가능하게 하는 최종 근거로 하나 자체, 즉 절 대적 일자를 요청한 것이다. 그렇지만 절대자인 일자는 그 자체로는 규정된 것이 아니라는 의미에서 '존재'가 아니다 (『엔네아데스』 V 4, 1).

플로티노스는 이 일자를 신이라 여기며, 다른 신들과 달 리 정관사를 붙여 엄격한 의미의 '신(ho theos)'이라고 칭한 다. 이 최고신은 존재를 초월할 뿐만 아니라, 인식도 초월 하는 '불가지적 존재'이다. 따라서 신에 관해서는 개념도 없고 학문도 없으며, 이 세상 모든 말을 다 쓴다 해도 신을 충분히 규명할 수 없다.

플로티노스의 이러한 생각으로부터 신이 무엇이라고 말 하는 것보다는 무엇이 아니라고 말하는 것이 적절하다고 주장하는 부정신학(negative theology)이 발전되었다.

일자가 자기한테서 방출되게 하는 맨 첫 번째 것은 정신이다. 정신은 근원적 일자와 매우 가까이 있으며, 이 근원적 일자의 모사이다. 동시에 일자가 자기 스스로를 바라보는 시선이며 제2의 신, 즉 첫 번째 신에 의하여 태어난 신의 아들이다(『엔네아데스』 V 1,7).

이 정신이야말로 실재이며, 최초의 존재물이라 할 수 있다. 신적 정신은 절대적 일자와 달리 인식 주체이자 인식 대상이라는 점에서 이중성을 지녔으며, 보편적 진리의 근거가 되는 실재인 이데아를 인식한다.

이 이데아가 바로 개별 사물들을 각각 무엇이게끔 해주는 불멸의 원형이기 때문에 다수의 이데아가 존재하게 된다. 이 이데아들을 자신 안에 지닌 정신은 유출을 계속해 나갈 사명을 띠게 된다.

세계의 형상적 원리들의 총체인 정신은 세계 제작자, 즉 데미우르고스(Demiurgos)로서 세계를 만들어낸다. 플라톤에 따르면, 데미우르고스는 전혀 시기심이 없기 때문에 가능한 한 모든 것이 자신과 비슷한 상태가 되기를 바랐고, 이에 혼돈을 질서로 이끌었다(『티마이오스』 29d-e). 플로티노스도 세계는 데미우르고스 안에 내포된 이데아들의 규준에 따라 만들어진다고 주장했다.

그런데 신적 정신은 세계 제작에 직접 참여하지 않는다. 대신 세계영혼이라는 대리자를 통하여 간접적으로 작용한다. 플로티노스는 아리스토텔레스의 '부동의 원동자' 사상(『형이상학』Ⅲ, 1072a26)을 받아들여 정신이 스스로 움직이지 않지만, 영혼에게 '욕망과 인식의 대상'이 된다고 주장한다.

세계영혼은 선망과 관조의 대상인 신적 정신을 바라보면서 그에 따라 세계를 형성한다. 세계영혼은 생명을 가진 모든 인간을 창조하고 태양, 달 별, 그 밖에 감각계의 모든 것을 만들었다.

이렇게 거대한 존재의 연쇄를 거치면서 인과적으로 유출이 일어난다는 생각을 통하여 플로티노스는 여러 가지 문제를 일거에 해결할 수 있었다. 절대자는 절대자로 남아 있고 세계의 존재도 그대로 존속하면서도, 초월적 일자와 세계가 서로 관계를 맺을 수 있는가의 문제가 여기서 해결되었다.

신을 닮는 것이
곧 인간의 목표다

합일에 도달하는 순간에,
우리는 더 이상 대상을 보지 않고,
구분하지도 않으므로, …
마치 중심이 중심과 결합하듯이 하나를 이룬다.

– 『엔네아데스』 VI 9,10

플로티노스의 유출설은 매우 난해한 형이상학적 설명처럼 들리기 때문에, 그는 윤리에 관심이 없다고 비판받기도 했다. 그러나 일찍이 그의 스승 플라톤이 그랬던 것처럼, "우리의 그리운 본향으로 피신할 것(『엔네아데스』 I 6,8)"을 권고했다.

그 같은 피신은 물론 세상에서의 의무를 회피하라는 것이 아니라, 존재의 근원으로 '되돌아감'에 의해서 일종의 구원을 받으라는 점을 강조한 것이다. 그것은 플로티노스의 '신과 같은 존재가 되어야 한다(『엔네아데스』 I 6,9)!'라는 충고와 같은 맥락에서 이해되어야 한다.

플로티노스는 신을 닮아 가기 위한 방법도 구체적으로 제시했다. 그는 세계영혼뿐만 아니라 세계 내 생명체들을 살아 있게 해주는 개별적 영혼들에 대해서도 설명했다. 이 영혼은 지성계와 감각계 사이에 있는 중간적인 것이다.

영혼은 그 자체가 항상 전체적인 것이므로 일자(一)를 닮아 있고, 또 다른 편으로는 이미 여러 부분에 관계하고 있기에 많은 것(多)을 닮았으므로, 이로써 이 두 가지 영역에다 다리를 놓아준다.

플로티노스는 감각계로부터 지성계로 상승한 영혼을 오

랜 방황을 끝에 그리운 고향으로 돌아온 오디세우스에 비
유해서 설명한다(『엔네아데스』 I 6,8; V 1,1). 영혼의 여정은 일
자를 목표로 하며, 그 신과의 합일에서 정점에 이른다.

> 합일에 도달하는 순간에, 우리는 더 이상 대상을 보지
> 않고, 구분하지도 않으므로, 더 이상 둘이 존재하지 않
> 는다. 사람들은 변화되어 마치 다른 이가 된 것처럼 그
> 자신에 속하지도 않고, 최상의 것에 속하게 되어, 마치
> 중심이 중심과 결합하듯이 하나를 이룬다.
>
> -『엔네아데스』 VI 9,10

결국에는 정신을 넘어서서 근원적 일자와 하나가 되지
않으면 안 된다. 이 지점에서 영혼은 더 이상 인식하는 정
신이 아니라, 사랑하는 정신이 되어 인식의 한계 너머에서
신비적 합일에 이른다. 이와 같이 플로티노스가 형이상학
적 틀로부터 윤리학적 결론을 도출해 내는 것은 그가 존경
했던 정신적 스승 플라톤과 매우 유사하다.

실제로 '신을 닮아가기'라는 문구는 플라톤의 『테아이테
토스(Theaitetos)』라는 작품 속에 나오는 것으로 고대 플라

톤주의자들은 이것을 철학의 목표로 내세웠다. "인간은 지혜를 가지고서 정의롭고 경건해질 때 신을 닮게 된다(『테아이테토스』176b-c)". 이미 여기서 신은 인간이 본받아야 할 덕의 모델로 제시된다. 플로티노스는 이 생각을 더욱 발전시켜서 일자와의 합일이 인간의 궁극적 목적임을 제시한 것이다.

플로티노스의 제자 포르피리오스는 스승의 전기에서 자기가 함께 지내는 동안 플로티노스가 네 번이나 그러한 신비적 합일에 도달했다고 기록했다. 또한 플로티노스가 합일에 도달한 방식을 플라톤이 『향연(Symposion)』에서 가르쳐준 아름다움 자체에 이르는 방법에서 찾았다(『향연』211c-212a).

사람들은 아름다움의 사다리를 통하여 철학적 에로스에 이끌려 아름다운 몸에서, 아름다운 행실로, 이어서 아름다운 배움들로부터 아름다운 것 자체에 대한 배움을 거쳐 아름다움 바로 그 자체를 인식하게 된다. 이 비유를 플로티노스는 자신의 첫 작품에서 그대로 차용한다.

모든 영혼 안에 존재하는 에로스는 철학적이지 못한 인간들에게서는 감각 대상의 아름다움으로 이끌고, 철학자에게서는 정신적인 세계로 이끈다. 더 나아가 플로티노스는 아름다움 자체 또는 그것의 원천인 최고선에 도달하기 위해서는 아름다워져야 한다고 주장한다.

> 눈이 태양과 같이 되지 않고서는 태양을 볼 수 없었듯이, 영혼도 스스로 아름다워지지 않고서는 첫 아름다움을 볼 수 없다. 따라서 누군가 신과 아름다움을 보려 한다면, 먼저 자신이 신을 닮고 아름답게 되도록 하라.
> ─『엔네아데스』 I 6,9,30-34

이렇게 플로티노스는 아름다움의 사다리를 오르기 위하여, 단순히 바라보지만 말고, 점점 더 아름다운 존재가 되라고 초대한다. 형이상학적 아름다움을 느낄 수 있기 위해서는, 자신을 정화함으로써 영혼 자체가 아름답고 신과 닮아야 한다는 것이다.

이렇게 개별 영혼이 자신을 정화하기 위해서는 육체의 지배에서 해방되어야 한다. 참된 인식을 방해하는 감정적 혼란이나 무절제한 욕망에서 벗어나야 하고, 주인 노릇을 하려는 육체로부터 거리를 두어야 한다. 육체에 종살이하는 영혼은 물에 비친 자신의 영상과 사랑에 빠진, 나르시스와 마찬가지이다.

　플로티노스는 영혼의 자기 망각이 육체에 대한 과도한 애착에서 비롯되기 때문에 그러한 애착을 버리라고 충고한다. 이렇게 영혼은 육체를 벗어나 스스로를 정화하고, 정신과 결합하고 정신에 의하여 비추어지고, 정신의 이데아들과 하나가 되어야 한다.

신의 세계를
덕으로 따르는 인간

제일 처음 것은 단순한 것이고
모든 것에 앞서서 있는 것이어야만 한다. …
자기 자신한테서 생겨난 것과 뒤섞여서는 안 되고,
… 다른 사물들에 내재하여 있지 않으면 안 된다.

– 『엔네아데스』 V 4,1

플로티노스는 신을 닮는 것을 인간의 목표로 규정하면서, 신에 대한 잘못된 생각이 우리 삶을 그르칠 수 있음을 엄중히 경고한다. 그는 당시 널리 퍼져 있던 다신교적 축제나 예식에는 참여하지 않았다.

플로티노스가 했다는 "내가 신들에게 가는 것이 아니라, 신들이 나에게 와야만 한다(『플로티노스의 생애』 10)"라는 말은 유명하다. 그는 전통적인 의인적 신관만이 아니라 당시 빠르게 성장하고 있던 그리스도교와도 거리를 취했다.

플로티노스가 활동하던 시기에 그리스도교는 아직 완성된 신학체계를 갖추지 못하고, 영지(靈智)주의를 비롯한 다양한 철학체계를 통하여 자신의 교리를 설명하려고 시도했다. 이에 따라 그는 당시에 유행하고 있던 그리스도교 영지주의를 특히 비판하면서, 잘못된 신관이 인간 공동체를 지탱하는 규범을 흔들고 파괴할 수 있음을 지적했다.

영지(gnosis)는 그리스어로 '지식'을 뜻하지만, 영지주의에서는 영혼과 물질의 발생과 본성, 그 운명에 대한 구원론적인 지식을 뜻한다. 영지주의자들은 자신들이 소유한 지식이 신의 계시로부터 구속자를 통하여 전달된 것으로, 이로써 구원에 이를 수 있다고 주장했다.

영지주의에서 발달한 이단인 마르키온주의(Marcionism)는 구약성경과 신약성경의 연속성을 거부했다. 이들은 '구약의 신'을 복수와 공포의 신으로서, 물질에 질서를 부여하는 역할을 맡아 악의 원천인 물질을 이 세상에 남겨놓았다고 보았다. 이와는 대조적으로 '신약의 신'은 용서와 사랑을 베푸는 자비의 신으로서, 인간을 구원하기 위하여 인간의 모습을 취했다는 것이다.

특히 데미우르고스는 구약의 신과 동일시되었는데, 영지주의자들은 그가 창조한 세상을 본래 악한 것으로 보았고, 이를 영적 세계와 대립시키는 이원론적인 경향을 나타냈다. 그들의 신화에 따르면, 이 세계의 창조는 신적 존재인 '소피아', 즉 지혜가 타락하는 불의의 사고에서 기인한다. 그 사고로 조물주가 태어났으며, 조물주의 오만에 의하여 세상이 창조되었다.

플로티노스는 영지주의가 플라톤의 『티마이오스(Timaios)』에 제시된 세계 제작 신화를 오용한다고 비판했다. 그에 따르면, 플라톤의 신은 영지주의의 신처럼 이 세계를 부정하여 그것의 종말을 가져오지 않고, 오히려 이 세계의 영속적인 존재를 보장한다.

플로티노스는 영지주의자들이 이 세상의 어떤 것도 아름답지 않다는 것을 이유로 덕을 업신여기고 법을 어기면서도 '신을 보라!'고 외친다며 비판한다. 그에 따르면, 덕 없이 외치는 신은 '빈말'에 불과하며, 오직 덕을 통해서만 신에 이를 수 있다.

더 나아가 세상을 미워하는 영지주의자들을 향하여 진정 영지를 지닌 자라면 이 세상에서부터 신에 따라 살면서 세상을 올바르게 만들어야 한다고 주장한다.

> 우리는 세계영혼이 이 세상을 창조한 것이 쇠퇴의 증거가 아니라 그의 확고부동함의 증거라고 주장한다. 그것의 쇠퇴는 오직 신적인 것을 잊었을 때만 가능할 것이다. 그러나 세계영혼이 정신을 잊어버렸다면, 어떻게 이 세상을 창조할 수 있었을까? … 그러나 만일 세계영혼이 정신에 대하여 모두 기억하고 있었다면, 그 길을 다시 가는 것보다 더한 열망을 가질 수 있었을까? … 우리는 이 세상이 불행한 기원으로부터 왔다고 인정할 수 없다.
>
> —『엔네아데스』 II 9,4

플로티노스가 바라보는 세계는 완벽하지는 않지만, 가장 좋고 아름다운 세계의 놀랄 만한 구성 부분이다. 이 세계는 아름다움으로 채워져 있고 그 전체로서 선 자체를 지향한다.

제일 처음 것은 단순한 것이고 모든 것에 앞서서 있는 것이어야만 한다. … 자기 자신한테서 생겨난 것과 뒤섞여서는 안 되고, 또 이때 다른 방법으로 다른 사물들에 내재하여 있지 않으면 안 된다.

— 『엔네아데스』 V 4,1

플로티노스는 우리가 이 세계에 살면서도 행복할 수 있다고 주장하면서 이 세계를 미워하지 말라고 권고한다. 만일 영혼에 의하여 온전한 통일성을 유지하지 못한다면 물질의 해체는 자연히 벌어지고 만다.

영혼이 우주 만물 안에서 함께 고려되지 않는다면, 이 세상의 모든 것들이 그 어떤 질서 안에서 설명되지도 못했을 것이다. 그렇지만 육체가 없다면 영혼 역시 존재를 위하여 나아갈 수 없을 것이다. 그러므로 영혼이 존재를 위하여 나아갈 때는 어떤 장소가 요구되며 그로써 어떤 육체를 만들어내는 것이다(『엔네아데스』 IV 3,9-35).

플로티노스에 따르면, 육체는 본래 영혼의 도움이 많이 필요한 존재이다. 육체의 불완전성은 그 아래 놓여 있는 질료의 근원적 불안전성에 기인한다(『엔네아데스』 I 8,3-5). 따라서 불안정하고 불완전한 육체를 돌보는 것이 영혼에게 주어진 사명이다.

플로티노스는 행복한 영혼이란 육체를 잘 다스리면서 자신을 잘 돌보는 영혼이라고 가르쳤다. 그래서 그는 육체를 인간이 자아실현하는 도구로 생각했을 뿐만 아니라 미래를 결정할 수 있는 요소로 간주했다. 그만큼 그는 자살에 대하여 강력히 경고했다.

한 사람이 [영혼을] 육체로부터 해방하려 할 때, 폭력을 행사하고 스스로를 찢는 것은 그 사람이지, 영혼을 그것에서 벗어나게 한 육체가 아니다. 이 결합에서 벗어난다고 해서, 정념이 없는 것은 아니다. 거기에는 반항, 슬픔, 분노 등이 있는데, 이런 것들을 만족시키는 것은 불법이다. … 누구나 저 세상에서 그가 목숨을 마

친 상태에 의하여 결정된 지위를 유지하려면, 진보의
희망이 있는 한 목숨을 끊어서는 안 된다.

- 『엔네아데스』 I 9,1

악은 실체가 아니라
선의 결핍이다

악은 독자적으로 존재하지 않는다.
선의 본성 혹은 선의 능력에 의거하여
모든 것이 존재하기에,
그것은 오직 악인 것만은 아니다.

– 『엔네아데스』 II 8,12

플로티노스는 물질 세상에 속한 것을 곧 악이라고 보는 영지주의에 반대하면서도, 이 땅이 어둠으로 덮여 있고 잔인한 곳임을 모르지 않았다. 그렇기 때문에 그는 결코 외면할 수 없는 악의 존재 문제에 집중했다.

즉 플로티노스는 만일 사물들의 연쇄가 최고선과 능력으로부터 흘러넘친 것이라면, 도대체 어떻게 악이 이 사물의 연쇄로 들어올 수 있었을까 하는 물음을 품었다. 이 문제는 모든 플라톤주의자들에게 극도의 정신적 훈련을 야기했다.

> 악은 독자적으로 존재하지 않는다. 선의 본성 혹은 선의 능력에 의거하여 모든 것이 존재하기에, 그것은 오직 악인 것만은 아니다. 그것은 필연적으로 마치 금(金)의 사슬에 묶인 어떤 포로와도 같이 아름다움의 끈으로 둘러싸인 것으로 나타난다. … 사람들이 항상 악을 자신의 눈앞에 둘 필요는 없지만, 악이 그들 앞에 나타나거든 선과 아름다움의 이미지들을 꾸준히 기억하여 그 이미지들이 사라지지 않도록 해야 한다.
>
> ―『엔네아데스』 II 8,12

플로티노스의 이러한 견해를 올바로 이해하기 위해서
는, 그가 감각계와 질료를 어떻게 평가했는지를 아는 것이
필요하다.

『엔네아데스』 안에서 감각계는 세계영혼의 창조물이다.
세계를 움직이는 힘이 자연을 매개체로 창조한 것이다. 자
연은 세계영혼의 활동 능력으로서 바깥으로 뻗치는 삶, 에
너지의 팽창이라고도 볼 수 있기에 그것 없이는 세상 일체
가 중지되거나 중단된다.

자연은 지성계의 모방이며 그러한 측면에서 완전하나,
어디까지나 모방에 지나지 않는다. 따라서 정신·힘·자유·
활동성이 적으며, 그 대신 수동성이 더 많다. 반면에, 자연
은 물질을 실현하는 힘이다. 자연, 즉 본성은 질료(hyle)에
투입되는 방식으로 질료에다 그의 실체성을 제공한다.

질료는 영혼의 창조적 힘으로부터 흘러나온 마지막, 가
장 낮은 그리고 가장 작은 유출이다. 바로 창조적·발생적
힘이 멈추는 점이다. 이는 아리스토텔레스의 '질료형상
론'에 영향을 받은 설명으로, 이 이론에 따르면 모든 개체
는 재료, 즉 사물을 이루는 근본 물질에 해당하는 질료와
이 질료를 일정한 사물이 되게끔 만드는 원리로서의 형상

(eidos)으로 구성된다.

다시 말해서, 질료란 각기 다른 형상을 받아서 각기 다른 실체가 될 수 있는 가능태, 즉 비규정적 요소이다. 이러한 질료의 단계들을 끝까지 사고해 보면 어떤 실체적 형상이라도 받아들여 모든 실재적이고도 물질적인 존재자로 변화할 수 있는 순수 가능태, 제일 질료에 도달하게 된다. 이 제일 질료는 궁극적 가능이며, 거의 비존재이다.

지상의 사물들 밑에 놓여 있는 질료는 받아들인 형상을 일정 기간만 소유할 뿐 그것과 혼합되지 않고 언젠가 그것으로부터 벗어나게 되어 있다. 그래서 질료는 그 자체로 변화되지 않지만, 지상의 개별 현상들은 변화가 일어나는 것이다.

결국 선한 일자로부터 내려오는 서열로 볼 때 질료는 일자와 정반대 위치에 있다. 따라서 악의 존재에 관한 플로티노스의 입장은 혼돈을 야기한다. 그가 질료를 악의 원리로 삼는 것처럼 보이는 뚜렷한 구절들이 있기 때문이다. 그에 따르면, 질료는 세계에 부여된 질서와 구조, 형상과 통일성이 모두 제거된 후 남는 것일 뿐이다. 그것은 외부로부터 받아들이지 않고서는 스스로 아무런 결정을 내리지 못한다.

나아가 그것은 어떤 나쁜 본성을 취할 수 있다. 따라서 질료는 선을 부정하는 것이기도 한다는 점에서 악의 원리요, 근원적 일자의 반대편 극이기도 하다. 물질을 '악의 원리'로 삼는 이러한 구절들은 플로티노스 자신이 비판했던 영지주의적 이원론으로 다시 빠질 위험성을 내포한다.

따라서 질료에 대한 플로티노스의 언급은 전체적인 사상 구조 안에서 이해할 필요가 있다. 그는 질료를 '첫 번째 악'이라고 부를 뿐만 아니라, 소위 악을 '선의 결핍', '박탈', 혹은 '절대적 빈곤' 등등의 표현으로 규정한다. 악은 사물의 하나처럼 제 실체를 지니는 것이 아니다.

더욱이 플로티노스는 만일 질료가 제힘으로 존재를 결정할 수 있다면 그 자체로 악하다고 말할 수 있을지라도, 질료가 우리가 아는 바와 같이 선을 보증하는 수단으로도 이해되고 있다는 점을 지적한다. 곧 질료는 잠재적 의미로 모든 것이라고 생각한다.

선이 최고선인 일자를 향하여 가능태로부터 현실태로 나아가는 실현 과정에서 포착된다면, 질료는 시공간 안에 실존하는 모든 선의 필연적 조건이다. 질료에 형상이 작용하지 않고서는 세상이 존재할 수 없다.

'악은 선의 결핍'이라고 하는 플로티노스의 단상은 후대에 아우구스티누스에게서 그리스도교의 전지전능한 신과 세상에 존재하는 악 사이의 모순을 해결하는 데 결정적 단서를 제공했다.

인간 내면의
선한 본성을 관조하라

네 안으로 들어가서 보라. …
신과 같은 덕의 광휘가 너를 비출 때까지, …
하나의 아름다움을 빛나게 하기 위하여 노력하고,
너의 조각상을 깎는 일을 멈추지 마라.

– 『엔네아데스』 I 6,9

플로티노스가 '최고선'이라고 부른 일자는 만물의 존재 원리일 뿐만 아니라, 인간 삶을 지도하는 실천 원리이기도 하다. 이러한 생각을 그는 바로 플라톤으로부터 끌어냈다.

> 플라톤은 올바르게도 '지혜롭게 되고 행복을 소유하려는 사람'은 자신의 선을 최고선으로부터 이끌어내야 하고, 그것을 계속 바라보아야 하고, 그것을 닮아가고, 그것에 따라 살아야 한다고 가르쳤다.
>
> ─『엔네아데스』 I 4,16

인간이 일자, 즉 신을 닮아간다는 것은 결국 점점 더 좋은 존재가 된다는 말이다. 이러한 시각에서 신은 종극적으로 인간적 선의 모델이자 척도로 나타난다. 선을 닮아가고 그것에 따라 살기 위해서는 선을 이해해야 한다. 그러나 플로티노스는 플라톤과는 달리 철학자가 국가의 시민으로서 해야 하는 역할에 대해서는 관심을 두지 않았다.

플로티노스는 신적 정신에 따라 세계를 통치하는 세계 영혼을 개별 인간 영혼이 따라야 하는 모델로 내세운다. 개별적 인간의 영혼도 본성상 신적이지만, 탈이 많은 육체를 돌보느라 자신을 소홀히 하다 보면, 자신의 본성을 망각하게 되고, 결과적으로 본성에 어긋나게 살게 된다. 따라서 그에게 신을 닮는다는 것은 사실 인간 자신의 본모습을 회복하는 것을 의미한다.

그런데 세계영혼은 신적 정신에 내재한 세계 질서의 원리를 알기 때문에 지혜롭다. 항상 무엇이 최선인지를 알고, 그것을 한결같이 바란다. 더 나아가 모든 법을 제정하고 법들이 시민들의 모든 경험과 행동, 그리고 그것들에 부과되는 명예 및 불명예와 조화를 이루도록 이끈다(『엔네아데스』 IV 4,39).

여기서 플로티노스는 이성적인 철학에 익숙한 이들에게 낯선 주장을 펼친다. 세계영혼은 무엇을 해야 하는지 이미 알기 때문에 숙고하거나 추론하지 않는다. 악기를 연습하는 자는 아직 숙련된 연주를 하지 못하기 때문에 연습이 필요한 것처럼, 숙고 내지 추론은 아직 슬기롭지 않은 자에게나 필요한 것이다(『엔네아데스』 IV 8,12).

이렇게 이해하기 힘든 낯선 주장을 설명하고자 플로티노스는 훌륭한 무용수의 비유를 든다. 무용수나 그의 지체들은 다양한 장소에서 다양한 자세를 취하지만 개별 동작을 주목하지 않고 자신이 의도한 대로 춤을 춘다. 그의 의도에 따라 모든 동작은 무용극 전체를 통하여 표현하려는 가치의 완성에 기여한다.

이처럼 세계영혼도 오로지 질서를 내포한 신적 정신을 주시하면서도 세계 전체와 지체들을 움직인다. 따라서 세계영혼은 주어진 상황을 완전히 지배하기 때문에 아무런 망설임 없이 자신감 있게 작업하는 기술자와 같다.

세계영혼을 그대로 따르는 현자는 위대한 악기 연주자나 무용수처럼, 매 순간 무엇을 해야 할지 일일이 숙고하거나 추론하지 않고 자연스럽게 행동할 수 있다. 책을 집중해서 읽을 때 책을 읽는다는 사실을 의식하지 못하는 것처럼, 현자들은 행동할 때 감각으로 분산되지 않고 자기 안에서 한곳으로 집중한다(『엔네아데스』I 4,10). 이와 유사한 몰입 현상은 최고의 예술가들이나 숙련된 기술자들에게서 발견된다.

이렇게 플로티노스는 세계영혼이 지닌 가치를 발견하기 위하여 우리 자신의 내면을 들여다보는 전문가가 될 것을 권한다. 그에 따르면, 선한 삶은 이 세상에 있는 흘러가는 것들이 아니라 우리 능력 안에서 솟아난다.

네 안으로 들어가서 보라. 그리고 네 자신이 아직도 아름답게 보이지 않는다면, 마치 조각상을 아름답게 만들려는 창조자가 하는 것처럼 행동하라. 그는 자기 작품의 아름다운 얼굴이 드러날 때까지, 여기를 깎아내고 저기를 다듬고 이 선을 가볍게 하고 저것을 깨끗하게 한다. 너도 그렇게 하여야 한다. 신과 같은 덕의 광휘가 너를 비출 때까지, 모든 과장된 것을 잘라내고, 구부러진 것들을 펴고, 어두운 모든 것을 밝히면서, 하나의 아름다움을 빛나게 하기 위하여 노력하고, 너의 조각상을 깎는 일을 멈추지 마라.

― 『엔네아데스』 I 6,9

인간은 자유롭게 자기 본성에 맞는 선택을 해야 한다. 따라서 선한 삶을 자신 외에 다른 것에서 구한다면, 그것은 그가 진정 찾고자 하는 선한 삶이 아니다. 플로티노스가 강조한 세계영혼으로 대변되는 정신세계는 이미 우리 안에 존재하고 있다. 그렇기 때문에 진심으로 내면을 들여다볼 수 있는 자는 그 목표에 도달할 수 있는 것이다.

07

세상의 불완전함을 숙고하는, 삶의 예술가

우리가 사랑하는 곳에서 우리의 마음은
사랑받는 이의 가족들에게도 따뜻하다.
우리는 우리 친구의 자녀들에게 무관심하지 않다.
이제 모든 영혼은 저 아버지의 자녀들이다.

– 『엔네아데스』 II 9,16

플로티노스는 자신의 전체 작품에서 인간 영혼이 세계영혼, 신적 정신, 일자를 닮아야 한다고 강조했다. 하지만 이것이 곧 육체를 영지주의자처럼 악으로 취급해서 방기하라는 뜻은 아니다.

플로티노스는 육체보다 영혼을 훨씬 사랑했지만 그렇다고 육체를 미워하지 않았고, 모상보다 원본을 선호했지만 모상을 싫어하지 않았다. 사실, 그의 눈에는 정신뿐만 아니라, 영혼, 육체까지 모두 신의 모상이며, 관조뿐만 아니라 실천하는 일과 제작하는 일까지의 모든 활동이 신의 모방으로 보였다.

플로티노스에 따르면, 이 세상은 그것을 만든 세계영혼과 같이 완벽하고, 아름답고 또 조화로운 가치를 지닌다. 따라서 이 세상에서 결함만을 찾으려고 애쓰는 자들은 이 세상을 조각내어 단편적으로 생각하는 실수를 저지르는 것이다.

의심할 필요도 없이 이 세상에는 다소 결함이 존재한다. 그러나 정신세계의 아름다운 어떤 것을 바라본 자라면 누구나 이 세상이 저편에 있는 아름다움, 충만한 질서와 조화 그리고 은총의 반향으로 가득하다는 것을 고백할 것이다. 인간은 자신이 머무는 바로 이 세상의 구체적인 조건으로서 다채로움이나 변화 혹은 분쟁을 묵묵하게 받아들여야 한다.

이 같은 조건들이 불완전한 것임을 인정한다면, 인간 영혼이 추구해야 하는 선에 대한 지식에도 방해받지 않을 수 있을 것이다. 따라서 플로티노스는 자신의 철학적 목표인 신을 닮기 위해서는 이 세상과 관련된 윤리적 성찰을 결코 등한시할 수 없었다.

> 세속의 신들과 세상을 경멸함으로써, 그들[영지주의자들]이 지성적인 세계의 신들에게 고백하는 영예는 모순에 빠진다. 우리가 사랑하는 곳에서 우리의 마음은 사랑받는 이의 가족들에게도 따뜻하다. 우리는 우리 친구의 자녀들에게 무관심하지 않다.
> 이제 모든 영혼은 저 아버지의 자녀들이다. … 이 우주가 어떻게 저 초자연적인 존재들로부터 분리될 수 있고, 어떻게 그 안에 있는 신들과 떨어져 있다고 상상할 수 있겠는가?
>
> ― 『엔네아데스』 II 9,16

플로티노스에게 이 세상에서 현자란 숙고의 개입 없이, 자의식의 수반 없이 자신의 행동에 몰입하는 '삶의 숙련 기술자'다. 그러나 그는 현자가 세계영혼처럼 항상 상황을 완전히 지배할 수 있다고 보지 않았다. 그럼에도 그 누군가가 현자라면 어떤 어려운 상황이 닥쳐와도 유연하고 능동적으로 대처할 수 있어야 한다.

플로티노스는 윤리적 실천을 형이상학적 관조를 바탕으로 설명했다. 그에 따르면, 현자는 이 지상의 운명을 여유를 가지고 거리를 둘 줄 알아야 한다. 그리고 그곳에서 인생의 변화를 연극의 장면처럼 바라보아야 한다.

현자는 선과 아름다움에 대한 이해를 지니고 있기 때문에, 어떤 상황에서도 잘 살고 아름답게 행할 줄 아는 사람이다. 진정한 행복은 외적 재화가 아니라 철학적 생활 방식을 오롯하게 실현하는 '완전한 삶'에 달려 있다(『엔네아데스』 I 4,3-8).

여기서 플로티노스에게 중요한 것은 존재의 질서와 가치의 질서는 궁극적으로 서로 일치해야 한다는 점이다. 이에 따르면 존재적 차원에서 가장 낮은 단계의 실재성을 가지는 감각계는 가치 역시 윤리적이고 정신적인 차원에서 가장 낮은 수준을 지녀야 한다. 따라서 신의 사유와 의지로부터 혹은 반드시 존재해야만 한다고 보는 이상적인 것으로부터 가장 멀리 떨어져 있다고 여기는 것은 가장 등한시되어야 한다.

플로티노스가 세계영혼은 숙고하지 않는다고 말하며 이를 모방하는 현자를 최고 예술가에 비유한 것을 보면, 자칫 현자는 타고나는 것처럼 느껴질 수 있다. 그러나 그에 따르면, 현자는 타고나는 것이 아니라 배움과 연습을 통하여 만들어지는 것이다. 악기 연주의 대가가 되고 싶은 자는 그 악기를 연주하면서 실력을 기르고, 용감한 자가 되고 싶은 자는 용감하게 행동하면서 용기를 습득해야 한다.

이처럼 세계영혼이 지닌 지혜를 획득하기 위해서는 생각하는 법을 배우고, 잘 생각하는 연습을 해야 한다. 이렇게 플로티노스는 '습관화를 통하여 덕이 내면화되면, 마치 본성에서 우러나오는 것처럼, 자연스럽게 덕이 있는 행위를 수행할 수 있게 된다'는 고대철학의 가르침을 수용했다.

08

플라톤의 계승자,
철학과 신학의 원천이 되다

오류의 구름을 말끔히 걷어내는 플라톤의 언변,
철학 전반에 걸쳐 가장 순수하고 해박한 능력이
유독 플로티노스에게서 빛을 발했으니, …
그는 그의 스승과 동등하게 평판을 받았다.

– 아우구스티누스, 『아카데미주의자들에 반대하여』

플로티노스는 '실천이 이론의 귀결이자 표현'이라는 그의 명제를 행동으로 보여준 철학자이다. 그는 덕을 실천하는 현자가 되기 위하여 '자기 내면으로 들어가라'고 충고했지만, 덕의 초심자에게는 본받을 수 있는 덕의 모델이 필요하다는 것도 알고 있었다.

그러한 의미에서 플로티노스는 소크라테스와 플라톤을 스승으로 삼았다. 자기 생일은 무시했던 플로티노스였지만 두 스승의 생일만큼은 자신의 학원에서 기렸다고 한다. 그렇지만 학생이 스승을 그대로 따라 하는 것으로는 최고 '예술가'가 되기에 충분하지 않다. 학생은 선생의 가르침을 넘어서 스스로 일의 이치를 깨달아야만 한다.

플로티노스는 자신의 초상화를 절대 그리지 못하게 했다. 그래서 당시 제자들은 유명한 화가를 플로티노스의 강의실에 몰래 들여보내 스승의 모습을 기억시킨 다음, 다시 다른 곳에서 초상화를 그리게 했다.

그만큼 플로티노스는 겸손하게 자신을 내세우려 하지 않았지만, 그를 추종하던 많은 제자들은 그에게서 진정한 스승을 발견했다. 이미 4세기 전반에 그는 '최근의 모범'으로서 피타고라스, 플라톤과 나란히 성현의 반열에 올랐다.

오류의 구름을 말끔히 걷어내는 플라톤의 언변, 철학 전반에 걸쳐 가장 순수하고 해박한 능력이 유독 플로티노스에게서 빛을 발했으니, 플라톤주의 철학자로서 그는 사람들이 동시대의 인물처럼 간주하듯, 그래서 마치 그 둘 사이의 엄청난 시간적 간격도 플로티노스에게서 플라톤이 다시 살아났다고 말하는 것을 막지 못한 것처럼, 그는 그의 스승과 동등하게 평판을 받았다.

– 아우구스티누스, 『아카데미주의자들에 반대하여』

플로티노스가 제시한 신플라톤주의가 지중해 연안으로 퍼져나갈 무렵, 그리스도교는 박해에도 불구하고 빠른 속도로 성장하고 있었다. 그리스도인들은 이러한 종교적 성장과 함께 자신들이 믿는 교리를 신학이라는 학문으로 발전시키기를 원했다.

이를 위하여 거쳐야 했던 논증과 정의 과정에서는 철학과 수사학에서 빌려온 개념과 범주가 사용되었다. 그리스도인들은 이 과정에서 엄격한 의미에서의 자기 철학을 출발점으로 가지지 않았기 때문에 자연스럽게 당시의 지배적인 철학이던 신플라톤주의에 의지했다.

신플라톤주의를 수용한 대표적인 신학자로 동방교회에서는 니사의 그레고리우스(Gregory of Nyssa), 서방교회에서는 아우구스티누스를 꼽을 수 있다. 아우구스티누스는 마리우스 빅토리누스(Marius Victorinus)에 의하여 라틴어로 번역된 플로티노스의 작품에 영향을 받았으며, 이로써 다시 그리스도교로 회심할 발판을 마련했다.

아우구스티누스는 『엔네아데스』 6집 모두를 이미 읽었고, 플라톤의 가장 순수하고 선명한 가르침이 플로티노스에 이르러 최고의 빛을 발했다고 극찬했다. 특히 카시키아쿰에서 썼던 초기 작품들에서는 아우구스티누스가 플로티노스에게서 받았던 깊은 감명이 잘 드러난다.

아우구스티누스는 후기 작품들에서도 점차 그리스도교 교리와의 차이를 주목하면서도 플라톤주의를 '사상의 귀족'이라 칭하며 자기 신학의 토대로 삼았다. "플로티노스는 의심의 여지없이 저 사도 바울로 이래로 다른 사상가들에 비하여 보다 의미심장하게 그리스도교 신학에 영향을 주었던 자(루돌프 오이켄)"라는 평가는 그러므로 과장이 아니다.

플로티노스에서 비롯한 신플라톤주의는 이렇게 서양 고

대 후기의 대표적인 철학사조로, 종래의 철학 전통을 대통합하여 중세에 전해주었다. 서구 라틴 중세와 비잔티움 및 이슬람은 신플라톤주의의 중개를 통하여 고대 그리스-로마 철학에 접근했다.

또한 르네상스 시대에 들어와서 플로티노스의 사상은 중세 후기의 아리스토텔레스-스콜라주의에 불만을 품었던 사상가들의 관심을 끈다. 대표적으로 파도바의 마르실리우스(Marsilius of Padua), 피코 델라미란돌라(Pico della Mirandola), 조르다노 부르노(Giordano Bruno) 등이다.

예를 들어, 파도바의 마르실리우스는 아우구스티누스를 본받아 플라톤 철학의 신플라톤주의적 해석을 옹호하며 플라톤 전작과 더불어 플로티노스의 전작을 라틴어로 번역했다. 마르실리우스는 "이는 내 사랑하는 아들, 내 마음에 드는 아들이니, 너희는 그의 말을 들어라(마태 17,5)"라는 말을 플라톤이 플로티노스에게 했을 것이라고 소개할 정도로 플로티노스를 존경했다.

플로티노스는 근대 케임브리지 플라톤주의와 노발리스, 셸링, 헤겔의 독일 관념론 등을 거쳐 현대 베르그송과 하이데거의 철학에 이르기까지 철학적 자양분을 제공했다. 플로티노스의 사상은 철학 분야를 넘어서서 미켈란젤로를 위시한 르네상스 예술가들, 심지어 괴테, 에머슨, 워즈워스, 예이츠와 같은 시인들에게도 지속적으로 영감을 주었다.

PART 3

오리게네스

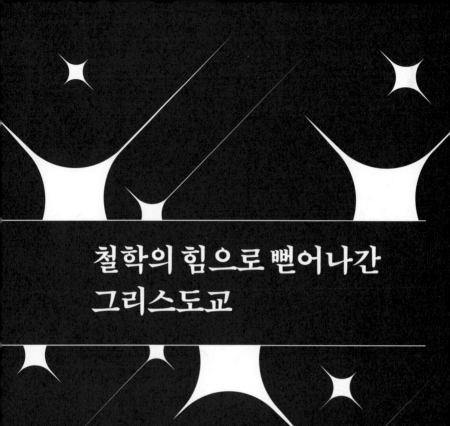

철학의 힘으로 뻗어나간
그리스도교

오리게네스 Origenes, 185~254

신학을 위하여 철학을 사용하고자 한 교회 역사상 가장 명민하고 대담한 정신의 소유자.

그리스 철학을 본질적으로 선하지도 않고 악하지도 않다고 본 그는 이를 어떻게 쓰느냐에 따라 선악이 결정된다고 여겼다. 이에 철학자들과의 토론을 통하여 그리스도교 교리를 철학적 용어와 당시의 철학적 문제와의 관계 속에서 설명함으로써 자신의 주장을 심화하려 했다. 이로써 플라톤 철학을 바탕으로 한 사유 방법이 그리스도교 신학을 위하여 본격적으로 도입되었고, 철학과 그리스도교의 더욱 큰 조화와 협력을 위한 길이 열렸다.

그는 아우구스티누스나 토마스 아퀴나스와 견줄 만한 위대한 인물이었지만, 유감스럽게도 작품에 관한 후대의 논쟁 때문에 저서 가운데 상당수의 그리스어 원본이 소실되었다. 다행히 작품 목록과 아퀼레이아의 루피누스(Rufinus of Aquileia)의 라틴어 번역을 거친 여러 단편 등은 남아 있어 그가 그리스도교의 역사에서 행한 역할을 짐작하게 한다. 비록 원본은 사라졌지만 번역을 통하여 남게 된 저서들과 후대에 미친 영향력만으로도, 그는 초기 교부 시대의 가장 뛰어난 신학자이며 성서학자로 평가할 수 있다.

01

순교를 꿈꾸던 청년,
열여덟에 교장이 되다

오리게네스는…
복음의 말씀을 생각하여
두 벌의 겉옷을 가지지 않고 신발도 신지 않았고,
또 앞날을 걱정하지 말라는 권고의 말씀을
그대로 지키려 했다.

— 에우세비우스, 『교회사』 6,3,7

오리게네스의 천재적인 능력을 고려하더라도, 그가 알렉산드리아에서 태어나서 자랐다는 사실은 그가 도달한 사상적 깊이에 가장 중요한 외적 요소였다. 우리가 앞서 다룬 플로티노스가 알렉산드리아에서 철학 공부를 시작했던 것도 우연은 아니었다. 그만큼 당시 알렉산드리아는 단순히 공간적 배경의 의미로만 존재하지 않았다. 도대체 알렉산드리아는 어떤 특징을 지닌 도시였을까?

기원전 331년 알렉산더대왕은 이집트를 정복한 후 나일강 하구와 지중해가 만나는 곳에 자신의 이름을 딴 도시, 알렉산드리아를 건설했다. 알렉산드리아는 세 대륙이 만나는 교통의 요충지라는 점에서 일찍부터 경제와 문화의 중심지였다.

그리스어를 사용하는 그리스 문화권에 속한 알렉산드리아에는 일찍이 많은 유대인들이 살고 있었다. 오랜 세월 동안 이곳에 살고 있던 유대인들은 히브리어를 몰랐고, 이들을 위하여 구약성경을 그리스어로 번역한『셉투아진타 (Septuaginta)』가 집성되었다.『셉투아진타』는 70(LXX)인역이라는 의미로 그 명칭에 대해서는 여러 유래가 전해진다.

『셉투아진타』를 통하여 구약성경의 히브리 사상과 그리

스 사상은 교류와 조화를 이루기 시작했으며, 이는 유대인 학자 필론(Philon)에 의하여 크게 발전했다. 알렉산드리아에서는 유대교 이외에도 다양한 밀교(密敎)와 거의 모든 철학 학파가 활약하고 있었으며, 새로 탄생한 그리스도교도 그중 하나였다. 그리스도교는 알렉산드리아에 있던 유대인 공동체를 통하여 이 도시에서 빠른 시간 안에 자리 잡았다.

알렉산드리아에는 당시 세계에서 가장 큰 도서관이 있었다. 알렉산드리아 도서관에는 70만 권의 책들이 소장되어 있었는데, 모두 그리스어로 쓰인 책들이었다. 당시 그리스도인들은 알렉산드리아 도서관에 자주 드나들면서 학문을 연구했다. 당시 알렉산드리아 교회는 경제적 풍요성이 아니라, 문화적·학문적 우월성에서 주변에 있는 모든 그리스도교를 감독하는 수위권을 가지고 있었다. 이러한 우월성을 바탕으로 그리스도인들을 위한 학교인 알렉산드리아 교리학교도 설립했다.

이 학교는 유대교를 하나의 위대한 철학으로 소개하려는 필론의 영향을 크게 받았다. 따라서 알렉산드리아 교리학교는 '필론식 그리스도교 학교'라고 정의할 수 있다. 판

타이누스(Pantaenus)와 알렉산드리아의 클레멘스(Clement of Alexandria)에 의하여 시작된 알렉산드리아 교리학교는 오리게네스에 의하여 전성기를 맞는다.

오리게네스는 185년경 유복한 그리스도교 가정의 일곱 남매 가운데 장남으로 태어났다. 따라서 어릴 적부터 깊은 신앙적 환경에서 성장할 수 있었으며, 훌륭한 스승들 밑에서 깊이 있는 교육을 받았다. 사춘기에 접어든 어린 오리게네스는 201년 셉티미우스 세베루스 황제의 박해로 아버지 레오니데스(Leonides)가 생사의 갈림길에 섰을 때, 아버지를 격려하는 편지를 다음과 같이 보냈다.

저는 오히려 배교를 하고 살아남아서 우리들한테 빵과 무엇을 마련하시는 아버님보다는 오히려 자랑스럽게 가장 소중한 것을 지키다 돌아가신 아버님을 더 존경할 것 같습니다.

 – 에우세비우스, 『교회사』 6,2,6

오리게네스는 아버지의 순교 이후 열여덟 성인이 되었을 때 아버지가 가신 길을 따라가려 했으나, 어머니의 반대에 부딪혔다. 어머니는 그의 옷을 숨겨 집 밖으로 나가지 못하게 함으로써 순교를 열망하는 젊은 혈기를 가까스로 꺾을 수 있었다고 전해진다.

오리게네스의 뛰어난 재능을 일찌감치 알아차린 주교 데메트리우스(Demetrius)와 알렉산드리아의 클레멘스는 당시 겨우 열여덟 살이던 오리게네스를 알렉산드리아 교리학교의 교장으로 임명했다. 오리게네스가 받은 그리스도교 교육은 그동안 연마해 온 그의 문학 교육보다도 뒤지는 것이 아니었다. 박해의 불길은 잦아지고 그의 가족은 최악의 사태를 벗어났으므로 젊은 교장 오리게네스는 자기가 맡은 교육에만 전념했다.

오리게네스는 자신이 가르치고 있는 복음을 실천해 보고자 하는 열망에 극단적인 금욕 생활을 했다.

오리게네스는 가르친 바를 실제로 실천했고, 실천한 바를 가르쳤으며, 많은 사람들이 그의 생활을 모방하려 했다. 그는 가능한 한 학문 연구에 몸 바쳤으며, 때로는 아주 적은 잠을 자고, 침대에서 자려 하지 않고 바닥에서 잤다. 복음의 말씀을 생각하여 두 벌의 겉옷

을 가지지 않고 신발도 신지 않았고, 또 앞날을 걱정하
지 말라는 권고의 말씀을 그대로 지키려 했다.

– 에우세비우스, 『교회사』 6,3,7

이처럼 오리게네스는 그리스도교에 대한 열정을 지니고
전 생애를 살았으며 이 때문에 다가오는 어려움을 두려워
하지 않았다.

평범한 주교가 질투한
신학 천재

우리의 가장 깊숙한 영혼에
불을 붙이는 불꽃처럼 우리 안에…
만물 가운데 가장 사랑스러운 분이신
거룩한 말씀에 대한 사랑이 불붙기 시작하고
확 타올랐습니다.

– 기적가 그레고리우스,
『오리게네스 찬양 연설』 6,83-84

오리게네스는 알렉산드리아 교리학교가 성공을 거두자 제자 헤라클레스(Heracles)에게 세례 지원자 강의를 넘겨주었다. 이전의 알렉산드리아의 클레멘스처럼 교양 있는 이교도들을 선교하려는 의도에 따라, 그들을 대상으로 하는 철학과 신학에 몰두하기 위해서였다. 오리게네스가 암브로시우스(Ambrosius)라는 부유한 사람을 영지주의로부터 개종시킨 일은 유명하며, 암브로시우스는 오리게네스에게 막대한 자금을 후원했다.

오리게네스는 30대에 저술 활동을 시작했으며 수많은 여행을 했다. 그는 로마에서 로마의 최고 신학자인 히폴리투스(Hippolytus)와 만나 신학적 교류를 가졌고, 215년에는 아라비아에 가서 로마 총독을 가르쳤다. 이듬해 로마 카라칼라 황제가 동생 제타를 암살한 후 자신을 향한 조롱에 격분하여 알렉산드리아를 파괴하자, 오리게네스는 지금의 팔레스타인 지역인 팔레스티나로 피신하게 되었다.

당시 황제의 어머니 율리아 맘메아의 초청을 받아 안티오키아를 여행할 때, 오리게네스의 강의와 강연은 만원을 이루었다. 이러한 수많은 고위 성직자들과 귀족들과의 교제는 이미 오리게네스가 누린 명성과 존경을 나타낸다. 그

러나 이러한 교제는 중요한 논쟁들의 원인이 되었고 알렉
산드리아의 주교와 결별하는 동기가 되었다.

팔레스티나의 카이사레아(Caesarea)와 예루살렘의 주교
들은 오리게네스가 평신도라는 사실을 알고도 그에게 강
연과 주일 예배 설교까지 부탁했다. 이에 알렉산드리아 주
교 데메트리우스는 항의했고 오리게네스에게 즉시 돌아오
도록 독촉했다. 오리게네스는 이에 순명하여 고향으로 돌
아왔다.

15년 후에 데메트리우스 주교의 명을 받고 그리스로 향
하던 오리게네스는 가는 길에 예루살렘 부근 카이사레아
를 방문하게 되었다. 옛 친구인 예루살렘의 알렉산데르
(Alexander) 주교는 그곳에서 오리게네스에게 사제품을 주
었는데, 이는 데메트리우스를 크게 격분하게 했다. 자신의
교회 안에서 가장 인기 있는 한 평신도가 자기와 경쟁적인
위치로 올라오고 있었기 때문이다.

데메트리우스는 이집트 주교 회의를 소집하여 거기에서
오리게네스의 교육과 거주를 금지했고, 자신의 고유 권한
으로 오리게네스의 사제직 서품을 부정했다. 알렉산드리
아 총대주교의 권한은 막강해서 그의 관할권 안에 있는 모

든 지역의 주교들은 그에게 순명해야만 했다.

이와 관련하여 카이사레아의 에우세비우스(Eusebius of Caesarea)는 "오리게네스가 전 세계에 걸쳐서 유명하고, 빛나고, 명성 높은 한 인물이 되고 성공하는 것을 보면서, 데메트리우스는 그에 대한 인간적인 무력감에 사로잡혔다(『교회사』 6,8,4)"라고 기술했다.

오리게네스는 그가 소중한 소명으로 생각하던 교육의 기회까지 박탈당하자, 갑자기 자신의 모든 세계가 단숨에 무너지는 것을 보았다. 무엇보다도 스스로가 교회의 사람이 되기를 원했던 그는 추방의 위기를 맞아 한없이 추락하는 느낌을 받았다.

그렇지만 231년 팔레스티나의 주교들은 절망에 빠진 오리게네스를 환대하며 맞아주었다. 특히 예루살렘과 카이사레아의 주교들은 존경과 우의를 베풀어 그의 생애 중에서 가장 값진 기간을 제공했다.

오리게네스는 강의 이외에도 두 번의 여행인 아테네 여행과 아라비아 여행 사이에 주석서들을 비롯한 2000여 권의 책을 저술했다. 말년에는 켈수스(Celsus)의 비판에 답변하여 여덟 권의 반박서도 썼다. 이후 250년 데키우스 황제의 조직적인 대박해 시에 체포되어 고문을 받았으며, 그 후 4년을 더 살다가 끝내 사망했다.

오리게네스의 인품에 관해서는 좋은 평판만이 전해진다. 그는 매우 겸손하고 질투심이 없었으며 권력이나 부(富)에도 관심이 없었다. 오로지 신에 대한 사랑에 사로잡혀 있던 그는 많은 제자들에게 큰 감동을 주었고, 그들의 삶을 변화시켰다.

> 우리의 가장 깊숙한 영혼에 불을 붙이는 불꽃처럼 우리 안에 … 만물 가운데 가장 사랑스러운 분이신 거룩한 말씀에 대한 사랑이 불붙기 시작하고 확 타올랐습니다. 이 사랑에 너무나 깊숙이 빠져, 저는 우리에게 어울린다고 보이는 이 모든 대상 또는 일, 특히 제가 자랑스러워하는 … 법학을 포기하도록 설득당했습니다. 그리고 제가 보기에 유일하게 소중하고 가치 있는 대상에 대한 욕망, … 거룩한 분을 알고자 하는 욕망이 일어났습니다.
>
> – 기적가 그레고리우스,
> 『오리게네스 찬양 연설』6,83-84

오리게네스는 친구들과 반대자들에게서 부당한 억압을 받았지만 이를 불평 없이 견뎌냈다. 연구와 표현의 자유를 위해서 고난을 감수했던 그는 이렇게 말하고는 했다고 한다. "우리가 인간들로서 정의를 위한 투쟁을 견딜 때, 우리들은 신과의 평화 속에 거하게 됩니다(미셸 끌레브노)."

오리게네스의 삶은 처음부터 끝까지 힘들었지만, 그는 진리를 진심으로 사랑했고 필적할 사람이 없을 정도로 열의에 차 있었으며 생활 방식은 철저히 금욕적이었다. 한마디로 그는 늘 그리스도를 본받으려 애썼으며, 실제로 순교자 못지않은 삶을 살았다.

플라톤 철학으로
그리스도교를 전파하다

그분에게 아들이 있다는 것을
우리만 공언하는 것이 아니라,
매우 기묘하고 믿기 어려운 일이지만
그리스인들과 다른 민족 사람들 가운데
철학을 하는 이들도 이를 말하고 있다. …
이들은 만물이 신의 말씀 또는 이성으로
창조되었다고 고백하기 때문이다.

– 『원리론』 3,1

오리게네스는 이미 어렸을 때 아버지에게서 헬레니즘 교육을 받았다. 앞서 언급한 대로 알렉산드리아 교리학교의 교장이 되었을 때, 그는 세례 지원자들을 가르쳤으며 여기에 자신의 온 힘을 다했다. 그는 고등 과정의 학생들에게 여러 철학 학파의 가르침을 자세히 설명하고 그들의 저서들을 해설해서 위대한 철학자라는 명성을 얻기에 이른다.

그러나 오리게네스는 지나친 열정에 사로잡혀 그리스도교 문제에만 전념한 나머지, 자신이 가지고 있던 비종교적인 모든 책을 팔고 만다. 그러나 책을 판 뒤 얼마 지나지 않아 그는 세속적 학문 분야와 철학을 연구하는 것이 성경 해석과 선교활동에 매우 중요하다는 사실을 깨달았다. 더 나아가 그리스 철학 안에서도 그리스도교의 가르침과 일치하는 고백이 존재함을 발견했다.

어떤 방식으로든 신의 섭리가 있다고 믿는 모든 이는 만물을 창조하고 다스리는 신은 나지 않은 분임을 고백하고 그분이 우주의 아버지임을 인정한다. 그런데 그분에게 아들이 있다는 것을 우리만 공언하는 것이 아니라, 매우 기묘하고 믿기 어려운 일이지만 그리스인들과 다른 민족 사람들 가운데 철학을 하는 이들도 이를 말하고 있다. 그들 가운데 더러는 이런 생각을 하고 있는 것으로 보이는데, 이들은 만물이 신의 말씀 또는 이성으로 창조되었다고 고백하기 때문이다.

— 『원리론』 3,1

오리게네스는 신앙을 올바로 이해하기 위하여 다시 철학으로 돌아가야 했으며, 신플라톤주의의 주창자 암모니오스 사카스의 강의를 들었다. 사카스의 강의를 통해서 오리게네스는 플라톤 철학이 지닌 잠재력을 충분히 깨달았다.

이미 헬레니즘 문화에서는 플라톤 철학에 뿌리박은 사유 방법이 지배적이었고, 이교 지역의 그리스도교는 과거의 모든 가치를 통합하고 있던 플라톤주의와 절충하지 않으면 안 되었다. 플라톤 철학은 그리스도교를 철학적으로 표현하기 위한 형식으로 이용되었다.

2세기에 이르러 플라톤 사상은 무엇보다도 종교적이며 신 중심적인 세계관으로 발전되어 나갔기에 그리스도교와 신비주의 차원에서 서로 소통하기 쉬웠다. 플라톤주의의 핵심은 인간이 본질적으로 영적 본성을 지니고 있으며, 신

을 향한 영혼의 추구는 신에게로 되돌아가는 것으로 이해
되었다.

오리게네스도 시대적 조류인 플라톤 철학에 깊은 영향
을 받아 플라톤적 틀로 자신의 신학을 설명하려 했다. 오리
게네스가 사용한 비유 '신에게로 향한 영혼의 상승', '위를
향한 여행' 등은 영혼이 신 안에 있는 자신의 근원으로 다
시 올라간다는 것으로 플라톤주의의 색채를 띠고 있다.

이러한 점에서 오리게네스는 같은 스승인 암모니오스
사카스 밑에서 20년 정도 뒤에 공부했던 플로티노스와 비
교해 볼 만하다. 두 사상가는 진리에 대한 열정 면에서나
매력적이고 존경받는 성격 면에서나 많이 닮아 있었다.

물론 다른 점도 있었다. 오리게네스는 신에게로의 상승
과 성장 및 완성을 강조하면서도, 영성의 최고 단계에서 교
회 공동체의 중요성과 타인을 위한 사랑의 행위를 중요시
했다. 즉 그는 플라톤적 사상이 빠질 수 있는 개인적이며
사변적인 영성이나 철학적 신비주의에 치우지지 않고, '성
서 중심', 혹은 '그리스도 중심'의 특성을 견지했던 것이다.

예를 들어, 오리게네스는 영원한 삶과 관련된 플라톤주
의 곁에다 저 유대교의 구원 역사를 나란히 병행시켰다. 또

한 영혼의 불멸성을 다룰 때는 플로티노스에게는 한편으로 자유로웠던 어떤 어려움들에 붙들려 있었다.

오리게네스는 그리스의 위대한 철학자들의 사상에서 서로 충돌하는 견해들을 되도록 화해시키려고 했다. 이뿐만 아니라, 그가 할 수 있는 만큼 그리스도교 신학의 아주 많은 만만치 않은 문제들을 해결하려 했다.

이 과정에서 여러 가지 모순에 빠지기도 했지만, 오리게네스는 세상에 대한 기발한 계단식 이론을 전개하면서 이를 발전시켜 해결하려 노력했다. 예컨대 마치 하나의 계단이 다른 계단에 공간적이 아니라 시간적으로 겹치는 방식을 따라 도약함으로써, 완전성을 향하여 계속 상승한다는 것이었다. 그러는 가운데 마침내 "모든 것 안에 모든 것으로 존재하는 신(『원리론』1,6)" 안에서 최종적으로 완성을 보게 된다는 이론이었다.

영혼의 상승은 플로티노스가 개별적 영혼의 내적인 발전 과정으로 묘사한 방식인데, 이것이 오리게네스의 사상 안에서는 훨씬 더 폭넓게, 세상 전체의 역사적 발전 과정을 묘사하는 방식으로 소개되었다. 그것은 마치 신플라톤주의의 체계 안에서 소개된 세계영혼이 개별 영혼들과 함께 천상의 도시로 여행하며 나아가는 것처럼 묘사되기 때문이다.

또 한편으로 오리게네스의 플라톤주의는 신을 다른 모든 것, 즉 감각계를 구성하는 모든 것과 구분되는 '참된 존재'로 본다는 점에서 그리스도교적 색채를 지녔다. 철학사 안에서 그의 이러한 설명은 이 세상에 일종의 실재적인 역사를 인정하는 흥미로운 시도로서 인정받는다.

이 세상이 신적 섭리 안에 자리하면서도 다른 한편, 신 자신에게는 아무런 진보 혹은 발전 개념을 적용하지 않을 가능성을 열어놓았기 때문이다.

그리스도교 비방을 합리적으로 논박하다

지금도, 영지(靈智)를 구실 삼아,
비전통적 가르침을 신봉하는 자들이
그리스도의 거룩한 교회에
반대하여 들고 일어나고,
복음서와 사도들의 서간을 해석하면서
많은 책을 제멋대로 짜 맞추고 있다.
우리가 침묵하고, 그들에게 반대하여
참되고 건전한 가르침을 규정하지 않는다면, …
탐구적인 영혼들을 그들이 사로잡을 것이다.

– 『요한복음 주해』 5,8

그리스도교는 바울로의 선교 등을 통하여 성장하는 과정에서, 정치적·문화적 주도권을 가지고 있던 그리스-로마 문화로부터 많은 비난과 공격을 받았다. 초기에 '식인의 풍습'과 '근친상간' 등의 악의적인 소문을 퍼뜨린 사람들은 그리스도교를 정확히 알지 못했다.

그러나 시간이 흐르면서 그리스도교에 대한 비방은 세간에 널리 퍼진 대중의 선입관을 넘어서는 것이었다. 지식인들은 직접 성경을 읽고 연구하면서 그리스도교를 반박하기 시작했다. 이러한 입장의 대표적 인물인 켈수스는 그리스도인들을 그리스 정신에 거룩한 모든 것에 반대하는 성가신 폭도이며 거름 더미 구석에 있는 구더기들과 같은 하찮은 무리라며 증오했다(『켈수스 반박』 4,23).

켈수스가 보기에 그리스인의 철학적 신에 관한 신앙은 매우 합리적이었으며, 이와 대조적으로 그리스도교는 너무나 비합리적이었다. 무엇보다도 그에게는 그리스도가 '육화(肉化)', 즉 성육신하여 구체적인 인간이 되었다는 사실이 너무나도 터무니없는 것으로 보였다.

이에 켈수스는 '신의 아들이 동정녀에게서 불가사의하게 태어났다'는 주장을 두고, 로마 군인과 간통한 여인이 예수를 낳았다는 사실을 은폐하기 위하여 그리스도인들이 꾸며낸 것이라고 논박했다(『켈수스 반박』 1,32; 69). 결국 그는 그리스도가 "사기꾼이고 마술가(『켈수스 반박』 3,55)"였으며 그리스도의 육화 및 부활 신화는 사도들이 단지 날조한 것이라 주장했다.

켈수스에 따르면, 그리스도교는 모든 관점에서 전통 철학보다 열등하고, 자신들이 주장하는 유일신론 자체와도 모순에 빠지기 때문에 아무런 가치가 없었다. 이뿐만 아니라 그가 보기에 그리스도교는 실천적으로도 여러 가지 문제점을 안고 있었다. 우선 그리스도교는 민족정신에 바탕을 둔 전통 없이, 모든 사람을 받아들여 하나의 율법에 결합하려는 세계종교의 환상을 추구하고 있었다.

더욱이 그리스도인은 '조상들의 관습'을 인정하지 않아 도시 종교의 예배나 황제 숭배에도 참여하지 않았고, 군 복무마저 거부했다. 이에 켈수스는 '만일 모든 사람이 그리스도인처럼 행동한다면, 로마제국도 외적의 침입을 받아 십중팔구 멸망해 버릴 것'이라고 비난했다(『켈수스 반박』 8,68).

오리게네스는 알렉산드리아 교회의 몇몇 지도자들로부터 켈수스를 반박하라는 요구를 받고, 처음에만 해도 왜곡

된 비난은 철저한 무관심으로 극복할 수 있다며 받아들이지 않았다. 그러나 결국 "그리스도에 대한 신앙을 아직도 전혀 맛보지 못했거나 바울로 사도의 말대로 '믿음이 약한 사람들(로마 14,1)'을 위해서 반박서를 집필했다(『켈수스 반박』 6, 서론). 여기에서 오리게네스는 켈수스의 여러 비방에 대하여 그리스도교의 가장 강력한 반박을 제시했다.

> 지금도, 영지(靈智)를 구실 삼아, 비전통적 가르침을 신봉하는 자들이 그리스도의 거룩한 교회에 반대하여 들고 일어나고, 복음서와 사도들의 서간을 해석하면서 많은 책을 제멋대로 짜 맞추고 있다. 우리가 침묵하고, 그들에게 반대하여 참되고 건전한 가르침을 규정하지 않는다면, … 탐구적인 영혼들을 그들이 사로잡을 것이다. 그러므로 교회의 가르침을 위하여 참된 방식으로 중재할 수 있고, 이른바 영지를 거짓으로 추구하는 자들을 꾸짖을 수 있는 사람이, 장엄한 복음 메시지를 증명하면서 … 반대 입장을 취할 필요가 있다고 나는 생각한다.
>
> – 『요한복음 주해』 5,8

오리게네스의 반박서는 켈수스의 책 순서에 따라 매우 포괄적인 내용을 담고 있다. 전반부에서는 유대교에서 그리스도교가 유래하게 된 경위와 일반적인 신론과 육화론부터 시작하여, 그리스도와 그리스의 영웅 숭배 및 제신 숭배를 비교한다.

그리고 이어서 그리스도교 신앙의 특징을 주로 다룬다. 삼위일체, 창조, 선과 악, 신과 세상의 관계, 교회론, 그리스도인의 윤리적 생활과 종말론에 대한 설명을 포괄적으로 전개한다.

마지막으로 이교인, 유대인, 그리스도인의 신 흠숭의 차이점에 대하여 논하며 한 분이신 참된 신과 그분에 대한 흠숭을 다룬다. 오리게네스는 켈수스의 비판에 대항하여 그리스도의 신성을 주로 그리스도의 기적 및 그리스도인이 늘 실행하는 그리스도교의 진리로 논증했다.

오리게네스의 모든 신학적인 답변의 기초를 이룬 것은 '영적 해석'의 시도였다. 이는 성경을 문자적으로만 이해한 켈수스의 입장을 무력화하기 위한 것이었다. 켈수스는 성경, 특히 네 복음서의 모순을 계속 지적했다. 예를 들어, '소위 자기 제자 일당에게 배신당하여 붙잡힌 그 사람을 어떻게 신이라고 불러야 한다는 말인가' 등의 질문을 퍼부었다.

이러한 질문에 대한 올바른 답변은 문자나 보고된 사실 배후에 더 깊은 의미가 숨어 있음을 이해했을 때만 가능했다. 오리게네스는 성경이 신적 영감을 받아 집필되었기 때문에 오류가 없다고 믿고 있었고, 이를 토대로 켈수스의 비판에 대해서 반박했다.

오리게네스는 문자적 해석에서는 오류처럼 보이는 문제들을 '영적 해석'을 통하여 해결함으로써 합리적인 설명을 제공했다. 따라서 이러한 영적 해석에 대한 문제는 단순한 성경 해석이 아니라 이교도의 비판을 거슬러 유일신에 대한 선포를 가능하게 하는 중대한 문제였다. 구체적으로 오리게네스는 이 영적 해석을 어떻게 발전시켰던 것일까?

영적 해석론을 통한
성경 이해

우리는…
지혜 - '신이 세상이 시작되기 전
의로운 이들의 영광을 위하여 미리 정하셨으며,
이 세상의 우두머리들은 아무도 깨닫지 못한
지혜(1코린 2,7-8 참조)' - 를 찾아야 한다.

– 『원리론』 4,2,6

켈수스나 포르피리오스 같은 이교도 사상가들은 성경에 나타난 모순들을 바탕으로 그리스도교를 신랄하게 공격했다. 이러한 비판을 막아내는 결정적인 방법은 성경에 드러나는 모순을 '영적 해석'을 통하여 해소하는 것이었다. 여기서 영적 해석이란 호메로스의 작품 등을 해석하는 방법으로 이미 그리스-로마 문화권에서 널리 사용되고 있었다.

오리게네스는 이 방법을 그리스도교를 위하여 적극적으로 활용했다. 그는 '우의적 해석'을 부인한다면 켈수스와 같이 성경을 웃음거리로 만든 반대자들에게 비난의 빌미를 줄 뿐이라고 생각했다.

젊은 시절 오리게네스는 이미 '문자적 해석'만을 무조건적으로 따르는 일의 위험성을 스스로 체험한 바 있었다. 예를 들어, 그는 "처음부터 결혼하지 못할 몸으로 태어난 사람도 있고 사람의 손으로 그렇게 된 사람도 있고 또 하늘나라를 위하여 스스로 결혼하지 않는 사람도 있다(마태 19,12)"는 성경 말씀을 '문자 그대로' 이해하여 이를 실천해야 한다고 믿었다.

결국 오리게네스는 스스로 자신의 일부를 거세(去勢)하고 말았다. 훗날 자신의 행동을 대표적인 '주석의 오류'라고 뉘

우친 그는 성경의 '영적 해석'이 반드시 필요함을 절감했다.

유대인 철학자 필론은 이미 그리스 철학을 바탕으로 성경을 알레고리적으로 해석했다. 따라서 알렉산드리아에는 문자와 정신, 상징과 진리 사이에서 일어나는 극도의 긴장감을 해결하기 위한 철학적 방법이 널리 퍼져 있었다.

스승 알렉산드리아의 클레멘스를 통해서 필론의 영적 해석 방법을 잘 알고 있던 오리게네스는 자신의 주저인 『원리론(De Principiis)』에서 성경 해석을 위한 다양한 지침을 제공했다. 오리게네스는 이곳에서 문자적 해석에만 머무를 때 생겨나는 두 가지 근본적인 오류를 지적했다.

유대인들은 예언의 문자들을 매우 배타적으로 고집함으로써 오류에 빠진다. 마르키온주의와 영지주의 이단자들은 신을 인간에 비유하여 표현하는 구약의 내용을 문자 그대로 이해하고, 이에 따라 한 분의 신을 악한 창조자와 예수가 선포한 완전한 신으로 구분함으로써 오류에 빠진다(『원리론』 4.2.6).

오리게네스는 이러한 오류를 피하고자 불변의 가치를 지닌 규범을 선별하기 위하여 규칙들을 발전시켰다. 그리고 시대 상황에 따라 쓰인 구약의 내용을 영적 의미로 해석하는 작업에 착수했다.

오리게네스에 의하면 성경의 말씀은 문자적 의미, 도덕적 의미, 영적 의미의 삼중적 의미를 지니고 있다. 이것은 우리 인간의 구조가 육체와 영혼과 영(靈)의 3요소로 구성되었다고 설명한 그리스 철학에 근거를 두고 있다. 이러한 구분을 토대로 다양한 사람들은 각자의 수준에 맞게 교화되어야 한다.

> 더 단순한 사람은 말하자면 성경의 육으로 교화될 수 있다. 반면 어느 정도 진보를 이룬 사람은 말하자면 성경의 영혼으로 교화될 수 있다. 그리고 … 완전한 사람은 '앞으로 일어날 좋은 것들의 그림자를 지니고 있는 영적 율법'으로 교화될 수 있다.
>
> – 『원리론』 4,2,4

오리게네스는 이러한 구분을 바탕으로 인간이 영적 생명을 얻기 위해서는 문자적 의미만으로는 충분하지 않고, 지고(至高)한 영적 의미를 파악하는 것이 반드시 필요하다고 생각했다.

간단히 말해 우리는 사도의 약속에 따라 모든 것에서, 신비 안에 감추어져 있는 지혜 – '신이 세상이 시작되기 전 의로운 이들의 영광을 위하여 미리 정하셨으며, 이 세상의 우두머리들은 아무도 깨닫지 못한 지혜(1코린 2,7-8 참조)' – 를 찾아야 한다.

— 『원리론』4,2,6

더욱이 오리게네스에 따르면, 그리스도는 성경 전체에 나타나 있으므로, 구약에 등장하는 사람들과 사건들은 모두 그리스도, 그리스도교의 성사, 그리고 교회를 예언한다.

예를 들어, 나팔 소리에 요새의 담벼락이 무너져 내리는 여호수아의 예리고 점령은 예수 그리스도께서 사제들을 파견하여 복음으로 우상숭배의 모든 수단을 사라지게 만든 것으로 해석할 수 있다(『여호수아기 강해』 7). 오리게네스는 사도 바울로가 이미 구약성경의 율법을 영적으로 이해하기 시작한 것을 받아들여 이를 더 완성된 방식으로 교회에 정착시켰다.

오리게네스에 따르면, 구약은 진리의 그림자를 나타내며 진리의 이미지는 신약에서 완전하게 나타난다. 그가 제시한 영적 해석을 통하면 구약을 자유롭게 해석할 수 있다.

다만 유의할 것은 이것이 곧 자의적 해석을 뜻하지는 않는다는 점이다. 오히려 오리게네스는 문자적 의미를 무시하지 않고, 이해의 낮은 차원에서 더 높은 차원으로 갈 수 있는 교육적 출발점으로 삼고 있다. 그러나 이것은 성경의 궁극적 목적이 될 수 없기 때문에 영적 의미를 통하여 깊은 이해로 완성되어야 한다.

성경 해석의
완벽한 토대를 마련하다

모든 … 율법이 영적으로 의미하는 바를
모든 이가 아는 것이 아니고,
지혜와 지식과 말씀 안에서
성령의 은사를 받은 이들만 알고 있을 따름이다.

– 『원리론』 1, 서론

오리게네스는 영적 해석의 중요성에 대해서 강조했지만, 그렇다고 성경에 대한 정확한 문헌적 탐구를 경시하지는 않았다. 그 자신이 전력을 다하여 그리스 철학들을 연구했고, 히브리어를 배웠다. 그는 성경 해석은 역사적·문자적 의미를 찾는 것에서 출발해야 한다고 생각하여 먼저 성경 본문을 문헌학적·비평적으로 탐구했다.

사실 오리게네스는 고대 교회의 어느 누구보다 역사적·문헌적 비평 감각으로 충만한 주석가였다. 무엇보다 먼저 '정확한 해석이란 성경 본문의 문자와 영을 연결하는 것이며 문자적 해석은 일부 경우에만 결점이 있다'는 사실을 잘 알았다(『원리론』 4,2,6; 4,3,4).

오리게네스는 230년경 구약에 대한 최초의 본문 비평이라고 할 수 있는 6중역본, 『헥사플라(Hexapla)』를 편집하는 놀라운 작업을 이루어냈다. 그는 여섯(hexa) 개의 사본들, 즉 히브리어 원본과 히브리어 원본의 발음에 대한 희랍어 표기, 그리고 성령의 영감을 받아 이루어졌다고 인정되던 그리스어 번역 『셉투아진타』 이외에도 아퀼라, 심마쿠스, 테오도시우스의 번역본도 함께 수록했다.

이러한 문헌 연구는 엄청난 노력과 시간이 들어가는 작

업으로 오리게네스가 영지주의로부터 개종시킨 암브로시우스라는 부자의 도움이 없었다면 불가능했을 것이다. 암브로시우스는 오리게네스에게 일곱 명 이상의 속기사들을 제공해 주었다.

오리게네스는 영감을 받은 성경에는 오류나 모순된 내용이 있을 수 없으며, 기껏해야 본문을 변질시킨 인간의 잘못이 문제라고 믿었다. 그렇기 때문에 그는 정교한 문헌 비판을 통하여 인간의 오류를 수정하려고 노력한 것이다.

오리게네스에게 문자적 의미는 독자들로 하여금 이해의 낮은 차원에서 더 높은 차원으로 갈 수 있는 교육적 출발점이었다. 성경 본문의 문자는 마치 그리스도에 의하여 취해진 인간 육체처럼 신적 로고스를 둘러싼 외피 기능을 한다. 따라서 『헥사플라』와 같은 텍스트를 완성했다 할지라도, 그것을 읽고 해석하는 일이 남아 있었다.

오리게네스는 당시의 모든 연구 방법을 성경 해석에 적용했다. 더욱이 정확한 연구 방법을 활용함으로써 당대의 영지주의자들이 영적 의미를 지나치게 자의적으로 해석하는 것을 저지하는 데에도 기여할 수 있었다.

오리게네스에게 문자적 의미는 중요하지만, 성경의 궁

극적 목적이 아니었다. 그렇기 때문에 영적 의미를 발견하는 깊은 이해를 통하여 완성되어야 했다. 물론 이러한 영적 의미를 완전히 이해하기는 어려운데, 그것이 문자적 표현들로 감추어져 있기 때문이다.

따라서 오리게네스는 모든 사람이 성경의 깊은 영적 의미를 파악할 수는 없다고 생각했다. 그가 사도 바울로를 따라 즐겨 말했듯이, 오직 영적인 사람만이 영적인 것을 이해할 수 있는 법이다.

> 모든 율법은 영적이지만, 율법이 영적으로 의미하는 바를 모든 이가 아는 것이 아니고, 지혜와 지식과 말씀 안에서 성령의 은사를 받은 이들만 알고 있을 따름이다.
>
> ─『원리론』1, 서론

따라서 영적 해석은 문자적 해석과 연관해서 검토되어야 하며 성경의 다른 구절을 통하여 입증되어야 한다(『원리론』 4,2,9). 성경을 올바로 이해하기 위해서는 성령의 도우심이 반드시 필요하다. 이 때문에 오리게네스는 예언서나 복음서를 읽을 때 자신이 생각한 의미를 그리스도의 의미로 전가하지 말 것을 늘 경고했으며 깨달음을 얻기 위하여 끊임없이 기도할 것을 권고했다.

오리게네스는 성경과 독자의 관계를 정적(靜的)으로 보지 않고 동적(動的)으로 파악했다. 따라서 주석가는 메마르지 않는 신의 말씀이 지닌 더 깊은 의미를 자신의 노력으로 간파할 수 있지만, 모든 말씀을 완전하게 터득할 수 없다고 말했다.

> 어떤 사람이 탐구하면서 향상되고, 열성적인 연구로써 진보하며, 신의 은총의 도움을 받고 이성의 조명을 받는다 할지라도, 그는 연구의 최종 목적지에 결코 다다를 수 없을 것이다.
>
> —『마태오 복음 주해』14,6

오리게네스가 보여준 영적 해석의 놀라운 창의성과 철저한 비판 정신의 조화는 이후의 모든 성경 해석의 귀감이 되었다. 이렇게 그는 누구보다도 열성적으로 성경을 탐구했지만, 이후 그리스도교의 발전 과정에서 확정될 모든 신학에 대한 정답을 제시할 수는 없었다. 그렇지만 그의 저술을 직접 읽어본 사람은 그가 얼마나 성경에 토대를 두고 '신앙의 규칙(regula fidei)'에 충실하려 노력했는지를 발견하게 된다.

이와 같이 오리게네스는 성경에서 단순한 지식을 얻으려고도, 교회 신앙의 전통적 길에서 벗어나려고도 하지 않았다. 그에게 성경은 교회의 신앙을 설명하고 발전시키는 해석학적 토대였으며, 그 과정에서 그는 인간의 자유에 특히 관심을 두었다.

오리게네스에게 성경은 신을 만나는 곳이며, 그의 영적 해석은 단지 신을 만날 수 있게 구체화하는 방법이었을 뿐이다.

사랑의 고통을 통한
신의 구원

그리스도께서 …
우리를 위하여 겪으신 이 고통은
도대체 어떤 종류의 고통이란 말인가?
그것은 사랑의 고통이다.

– 『에제키엘서 강론』 VI, 6

오리게네스의 『원리론』과 같은 책이나 『헥사플라』와 같은 학문적 연구를 보면 그가 매우 건조한 글들만 남겼을 것 같은 인상을 받는다. 그러나 그는 특히 카이사레아에서 사제직을 수행하며 설교했을 당시, 지성인들뿐만 아니라 다양한 그리스도인들을 위해서 성경의 핵심 가르침을 생동감 있게 전달하기도 했다. 이 과정에서 플라톤 철학에서는 허용될 수 없는 새로운 신관이 두드러지게 나타났다.

그리스 철학의 신 관념에 따르면, 그 자체로 완전한 신은 그 어떤 결핍도 없으므로 고통을 겪는다는 말은 결코 허용되지 않는다. 플로티노스의 일자도 완전성의 충만함이기 때문에 어떤 결함이나 고통도 인정되지 않았다. 그러나 오리게네스는 플라톤 철학에 심취했음에도 '신도 고통받는다'고 대담하게 주장하고 있다.

그리스도께서 이 땅에 내려오신 이유는 인간을 향한 연민 때문이다. 그렇다. 그분은 십자가의 고통을 당하시기 전에, 아니 육화하시기도 전에 이미 우리의 고통을 몸소 끈질기게 겪으셨다. 만일 그분이 이렇게 육화 이전에 고통받지 않으셨더라면, 우리 인간의 삶을 함께 나누기 위하여 인간이 되지도 않으셨을 것이다. 그분은 먼저 고통을 받으셨다. 바로 그래서 이 땅에 내려오셔서 모습을 드러내신 것이다. 그렇다면 우리를 위하여 겪으신 이 고통은 도대체 어떤 종류의 고통이란 말인가? 그것은 사랑의 고통이다.

— 『에제키엘서 강론』 VI, 6

오리게네스에 따르면, 사랑하면 고통받게 마련이다. 고통이라는 대가를 지불하지 않는 사랑은 사랑이 아니다. 그렇기에 예수의 한 평생은 고통받는 인간들을 향한 연민으로 가득 차 있다. 예수는 사람들이 많이 모여 있는 곳에 갈 때마다 지극한 연민에 사로잡혔다고 기록되어 있다.

이러한 연민의 고통은 십자가의 수난에서 절정에 달했다. 오리게네스는 그리스도가 지상에서 많은 이들에게 연민을 보여주었다는 사실을 통하여, 육화 이전의 영원한 말씀 시절부터 동일한 사랑의 고통을 겪었다는 사실을 연역해 냈다.

오리게네스는 예수 그리스도가 그렇다면, 우주의 신인 성부도 용서와 자비가 충만한 신이므로, 역시 늘 형언할 수 없는 연민을 지닌다고 주장했다. 그래서 오리게네스에 따르면, "우리가 그분께 고통으로 부르짖으며 기도한다면, 그분은 마음이 울렁이고 애틋함으로 마음이 미어진다. 사랑으로 마음이 아파온다(『에제키엘서 강론』 VI, 6)."

오리게네스는 다음과 같이 주장했다. 동료 인간의 고통 앞에 아무런 아픔도 느끼지 못하는 인간이 인간답지 못하다고 비판받아야 한다면, 자신이 창조한 인간의 고통 앞에 아무런 아픔도 느끼지 못하는 신 역시 신답지 못하다는 비난을 피할 수 없을 것이다.

고통받을 수 없는 신, 전능하고 강력하기만 한 신은 스토아철학자들의 신일 수는 있을망정 그리스도인의 신은 될 수 없다. "원래 신적 본성의 위대함으로 보자면 상상도 할 수 없는 상황에 짐짓 들어와서, 인간의 고통을 자기 품에 껴안고 아파하는(『에제키엘서 강론』 VI, 6)" 신이야말로 십자가에 달리신 예수 그리스도 안에서 계시된 신이기 때문이다.

우리는 자주 우리가 원하는 모든 것을 투사한 신을 하나의 표상으로 가지고 있다. 슈퍼맨처럼 우리가 어려운 일을 당할 때마다 보란 듯이 등장해서 구원의 손을 내미는 해결사나 내가 내는 헌금을 수십 배, 수백 배로 갚아 주는 헌금

인출기 같은 신을 생각하기도 한다. 이러한 상황을 보고 독일의 철학자 포이어바흐는 신은 '인간 욕망의 투사'라고 냉소적으로 비판했다.

그렇지만 오리게네스는 그리스도의 십자가 안에서 '사랑의 고통'이 완성됨을 발견한다. 십자가 위에서 그리스도는 고통당하는 우리와 함께 고통당하는 신으로 드러난다. 이 마지막 수난이란 인간이 겪는 극도의 고통을 함께 겪는 것이며, 이로써 마지막에는 죽음마저 이겨내고, 인간을 구원한 신의 모습을 드러내주는 빛으로서 역할한다.

오리게네스는 자신의 성경 해석을 통해서 이와 같은 신을 더욱 분명히 드러내고자 했다. 그는 더 나아가 이러한 사랑의 고통을 위한 실천적 훈련도 매우 강조했다.

08

분서갱유로도 지우지 못한
위대한 신학자

제가 교회의 가르침과
복음의 규칙을 혹시 위반하여,
당신, 곧 교회를 불쾌하게 했다면,
온 교회가 만장일치로 결정하여
저, 곧 당신의 오른손을
잘라버리고 떨쳐버리기 바랍니다.

— 『루가 복음 강해』 16

오리게네스의 엄청난 지적 능력과 이에 상응하는 다양한 작품들의 수를 듣게 되면, 그에 비하여 이름이 잘 알려지지 않았다는 점에 놀라게 된다. 사는 동안 알렉산드리아의 총대주교와 로마제국의 박해 때문에 큰 고초를 겪었던 오리게네스는 죽은 후에도 다시 한번 큰 시련을 겪게 된다.

그리스 철학을 적극적으로 수용하고 그것을 통한 그리스도교의 진리 탐구와 의미를 갈구했던 오리게네스는 그 열정이 지나치면서 몇 가지 오류에 빠지고 말았다. 그리스도교 초기의 이단들처럼 그는 성경을 해석하기 위하여 플라톤주의와 이를 비롯한 당대의 철학체계를 적극적으로 활용했다. 그러나 이것은 그의 놀라운 신학 위에 드리워진 그림자였다.

예를 들어, 오리게네스는 삼위일체론에 대하여 교의상 큰 논란을 일으켰는데, 성자는 성부보다 낮고 성령은 성자보다 낮다는 종속설(從屬說)을 주장했기 때문이다. 또한 그는 만물복귀설(apokatastasis panton)을 주장했는데, 만물은 종말에 자신들의 궁극적 근원으로 되돌아가며 또한 신은 모든 것 가운데 있는 모든 것이 된다는 것이다.

그러므로 성자의 구원 행위는 모든 영혼, 심지어 악령과 악마까지도 정화의 고통을 통해서 마침내 신과의 일치에 이르게 한다. 이는 지옥에 관한 전통적 교리를 부정하는 것이었다.

또한 플라톤주의의 영향도 보인다. 오리게네스는 타락한 천사들과 함께 영혼이 신에게서 떨어져 나가, 육체에 갇혀 인간이 되었다는 영혼선재설(pre-existence of the soul)과 정령설(精靈說)을 인정했다. 더 나아가 신의 자유로운 창조를 주장하는 정통 교리와 달리 창조를 필연적인 것으로 보았다.

오리게네스는 살아 있을 때 매우 명망 높은 신학자였지만, 이러한 오류가 그를 후대에 평가절하하게 만든 계기를 제공했다. 325년 니케아 공의회에서 성부와 성자의 '동일실체에 관한 교리'가 확립되면서 그가 주장한 종속적 삼위일체설의 정통성에 대한 논쟁도 벌어졌다.

이후 553년 콘스탄티노플 공의회는 오리게네스의 이론들에 대한 반대를 반영하여 그의 이론을 따르던 과격한 수도승들을 이단으로 선포하고 추방했다. 이에 따라 그의 많은 작품이 소실되는 비극이 벌어졌다.

그러나 일부 교회 회의의 단죄에도 불구하고 오리게네

스에 대한 존경은 그의 제자들과 후대의 독자들에게서 결코 사라지지 않았다. 성경의 일부만을 집중적으로 해석했던 다른 주석가들과 달리 그는 성경의 모든 책을 철저하게 주해했다.

성경과 관련된 오리게네스의 작품은 고대 그리스도교 주석 전체에 기여했으며, 중세 때 네 가지 성경 의미에 관한 체계적 학설을 마련하는 데 바탕이 되었다. 또한 그는 많은 제자들과 적대자들이 자신의 이상을 토대로 그리스도교를 더욱 정통적인 형태로 선포할 수 있도록 신학의 학문체계를 수립했다.

오리게네스는 이론적 훈련뿐 아니라 실천적 훈련 또한 매우 강조했다. 그는 강의에서 말한 내용이나 이상을 스스로 실천하거나 일치시키려고 애썼다. 또한 그는 학생들에게 모든 덕의 본보기를 소개하여 그들이 이를 따르도록 북돋았다. 그만큼 누구보다 진실하고 열정적으로 그리스도교의 가르침을 존중하고자 노력했다.

저는 교회의 사람이 되기를 바라며, 어떤 이단의 창시자가 아니라 세상에서 축복받는 그리스도의 이름으로 불리며 이 이름을 지니기를 바랍니다. 그리스도인이라고 불리는 것은 영에 따른 것이기보다는 행위에 따른 제 열망입니다. 그대의 오른손처럼 보이고, 사제의 명칭을 지니고 신의 말씀을 선포해야 하는 제가 교회의 가르침과 복음의 규칙을 혹시 위반하여, 당신, 곧 교회를 불쾌하게 했다면, 온 교회가 만장일치로 결정하여 저, 곧 당신의 오른손을 잘라버리고 떨쳐버리기 바랍니다.

－『루가 복음 강해』16

무엇보다도 오리게네스는 세상에서 일어나는 모든 것을 신 중심으로 생각했다. 이러한 그의 태도는 그리스도교 영성 신학에도 큰 영향을 미쳤다. 그의 깊은 신비 신학적 영성 이해는 바실리우스(Basilius), 니사의 그레고리우스, 클레르보의 베르나르두스(Bernard of Clairvaux) 등을 위시한 그리스도교 수도원 운동에 영향을 미쳤다. 또한 에바그리우스(Evagrius), 위(僞)-디오니시우스(Pseudo-Dionysius), 대 그레고리우스(Gregorius) 교황, 고백자 막시무스(Maximus the Confessor)의 그리스도교 신비주의의 이상이 되었다.

르네상스 동안 오리게네스의 저서들은 플라톤주의 철학자 피코 델라미란돌라와 에라스뮈스와 같은 위대한 인문주의자들에게 영감을 주었으며, 16세기 이후에도 오리게네스는 한결같이 관심의 대상이었다. 오리게네스의 신학적 성과는 그의 활동 시기를 함께 고려해야 비로소 정당한 평가가 가능하다. 그는 325년부터 개최된 4대 공의회에 의하여 그리스도교 교의가 확정되기 이전에 활동했기 때문이다.

오리게네스는 아우구스티누스와 더불어 고대 그리스도교에서 가장 뛰어나고 위대한 신학자였으며 지성적으로 매우 비범한 인물이었다. 오늘날의 관점에서 볼 때 오리게네스가 정통 신앙만을 주장한 것은 아니지만, 그의 저서가 학문 연구에 매우 유익하고 그의 천성과 인품이 어떤 교부보다 뛰어나다는 점은 분명 본받을 만하다.

PART 4

아우구스티누스

인간의 이성으로 꽃피운
사랑의 신학

아우구스티누스 Augustinus, 354~430

그리스도교의 최고 사상가이자 교부철학을 집대성한 선구자.
현대사회와 비견될 만큼 급변하던 로마제국 말기, 해박한 인문학적 지식과 그리스도교의 핵심을 꿰뚫는 통찰력으로 그리스도교에 가장 큰 영향력을 미쳤다. 캔터베리의 안셀무스 (Anselm of Canterbury)를 비롯한 중세의 거의 모든 학자들에게 무려 800여 년 동안 최고의 스승으로 존경받았다. 프랑크왕국을 크게 확장한 카를 대제 또한 그의 『신국론』을 통하여 '신의 나라'를 지상에 건설하고자 하는 영감을 얻었다.

그러나 후대에 이처럼 많은 영향력을 남긴 그도 태생부터 다른 사람은 아니었다. 그 또한 명예욕과 성욕과 출세욕에 끊임없이 시달려야 했으며, 그러한 점에서 보통의 우리와 너무도 닮은 '가슴 따뜻한 보통 사람'이었다. 오늘날 온갖 자극에 노출된 채 중심을 잡지 못하는 현대인들처럼 똑같이 세속적인 현실에 부딪혀 고통스러워했다. 삶 속에서 체험한 바를 진솔하게 충고해 줄 수 있는 그야말로 오늘날 우리에게 필요한 좋은 스승이라 할 만하다.

신과 영혼,
아우구스티누스의 핵심 질문

나는 신과 영혼을 알고자 욕망한다.
– 그 이상은 아무것도 없지 않은가?

– 『독백』 I,7

아우구스티누스는 그리스-로마 문화권에 속하는 북아프리카 타가스테(Tagaste)에서 태어났다. 그리스-로마 문화는 보편적 진리에 대한 추구를 가장 높은 가치로 삼았지만, 그의 어머니 모니카(Monica)는 순교까지 불사하며 신앙을 지켜온 그리스도교를 믿었다. 그 영향을 받아 아우구스티누스는 성장 과정에서 매우 강한 자의식을 지니게 되었다. 그야말로 '나는 누구인가'라는 질문을 어렸을 때부터 계속 간직하고 살아온 셈이다.

아우구스티누스는 그의 『고백록(Confessiones)』을 통하여 고향에서 교사에게 매 맞았던 체험을 고통스럽게 회상하고 있다(『고백록』 I,16). 어린 아우구스티누스에게는 무엇보다도 강요된 공부를 해야 하는 것이 견딜 수 없을 만큼의 큰 고통이었다.

아우구스티누스는 그리스 신화나 로마의 역사와 관련된 허구적인 이야기를 좋아했지만, 강압적인 교육 방식은 그리스어를 배우는 데 흥미를 잃게 만들었다. 그는 "저 달콤한 그리스 신화의 맛에다 쓴개를 타놓은 것(『고백록』 I,23)" 같았다고 비판했다. 이러한 소년 시절에 대한 회상은 그가 어린 나이에도 기존의 권위를 비판하는 뚜렷한 자의식을 가지고 있었다는 점을 분명히 드러낸다.

아우구스티누스는 카르타고에서 유학하던 시절, 키케로의 『호르텐시우스(Hortensius)』라는 책을 통하여 지혜에 대한 탐구의 중요성을 깨닫게 되었다. 지혜로의 갈망에 불타던 아우구스티누스는 행복을 가져다줄 지혜를 찾기 위하여 성경을 펼쳐 들었지만, 여러 가지 이유로 성경의 내용을 받아들이지 못했다.

나중에 아우구스티누스는 이 당시 자신의 통찰력이 성경의 영적 의미까지 꿰뚫고 들어가지 못했다는 사실을 안타까워했다(『고백록』 III,9). 그러나 성경을 비판적으로 읽는 그의 태도는 젊은 아우구스티누스가 단순히 어머니가 원하는 길을 맹목적으로 따르지 않았다는 사실을 잘 보여준다. 그는 스스로 확신을 가지고 그리스도교를 믿기 위하여 고심했다.

성경 안에서 길을 찾지 못한 아우구스티누스는 세상을 선신과 악신의 영원한 싸움으로 설명하는 마니교에 빠지고 만다. 특히 그가 『고백록』과 후대에 저술된 마니교 반박서들에 남긴 자성적 진술은 자칫 이 시기에 그가 마니교를 맹목적으로 따른 것으로 생각하게 만든다.

하지만 아우구스티누스는 자신의 눈에 띈 마니교 체계의 모순에 대해서 비판적 질문을 던졌다. '어둠과의 싸움에서 지고의 선한 빛의 힘이 약하고 무능하다는 마니의 주장은 옳은 것일까?', '힘도 없고 비천한, 그러한 신성을 우리는 어떻게 예배할 수 있는가?' 등의 물음이었다.

그러나 마니교의 스승들 중 그 누구도 제대로 대답하지 못하자 아우구스티누스는 결국 마니교로부터 마음이 멀어지게 된다. 이렇게 그는 일방적인 주입식 교육을 거부하고 자기가 제대로 이해할 수 있는 내용만을 받아들이고자 노력했다. 그리고 결국 밀라노에서 신플라톤주의와 그리스도교를 만남으로써 새로운 차원으로 들어선다. 그는 이후에 자신을 사로잡았던 주된 관심사가 신과 영혼에 있었다고 고백한다.

> 나는 신과 영혼을 알고자 욕망한다. ─ 그 이상은 아무것도 없지 않은가? ─ 무엇이든 아무것도 아니다. …
> 오 신이시여, 영원히 동일하신 분이시여, 저로 하여금 제 자신과 당신을 알게 하소서.
>
> ─『독백』I,7; II,1

나중에 아우구스티누스는 『고백록』에서 기억이야말로 모든 것을 보관해 놓은 일목요연한 저장고라고 밝히며, '우리가 누구인가' 하는 것은 '우리가 어떤 기억을 가지고 있는가'와 같은 의미를 지니는 것이라고 주장했다(『고백록』 X권). 즉 기억 속에서 우리는 자신을 만나며, 기억이 없다면 우리도 없는 것과 마찬가지라는 것이다.

　　내 삶의 행위, 계획, 진행이 사실은 이 기억들의 절대적인 도움 속에서 이루어진다. 우리가 잃어버린 것을 다시 찾았을 때 그것이 자기의 것인지를 아는 것도 그것이 기억으로 남아 있기 때문이다. 우리가 잃어버린 것도, 지나가 버린 과거도 기억 속에 남아 있어서 판단의 기준이 된다.

　　따라서 기억은 자기 안에 있으면서도 자기를 넘고, 그것을 수용하는 광대무변의 용량을 갖춘, 보이지 않는 '자기'인 셈이다(『고백록』 X, 27). 자기 자신을 찾고자 방황하는 우리 각자도, 아우구스티누스가 모범적으로 보여주었던 것처럼, 자신이 살아온 인생의 기억 속에서 자기 영혼을 돌아보는 일이 필요하지 않을까?

인간의 이성으로
신의 질서를 인식하다

그것이 인간을 이루는 다른 것들을
지배하고 명령한다면
그때야말로 인간은 가장 질서 잡힌 것이다. …
영혼의 이러한 움직임들을 이성이 지배할 때,
질서 잡힌 인간이라고 불려야 한다.

— 『자유의지론』 I,8,18

아우구스티누스는 『자유의지론(De Libero Arbitrio)』에서 인간이 자기 이외의 동물들보다 월등하고 그것들을 지배할 수 있는 것은 인간에게 이성(ratio)이 있기 때문이며, 자기가 살아 있음을 알게 되는 것도 인간의 이성 덕분이라고 주장한다(『자유의지론』I.7.16).

언뜻 아리스토텔레스의 인간에 대한 정의, 즉 '이성적 동물'을 떠올리게 하는 표현이다. 이로부터 아우구스티누스는 살아 있음을 인식하는 것은 지성의 빛을 받아 더욱 명료해지고 '완전하게 살아 있음'이 되며, 이것이 여느 삶보다 훌륭한 삶이라고 설명한다(『자유의지론』I.7.17).

아우구스티누스는 이러한 구별을 토대로 인간이 짐승뿐만 아니라 자연의 나무나 풀과 같은 인간의 하위에 존재하는 것들을 지배하고 통치할 수 있다고 밝힌다. 그는 계속해서 보다 우월한 인간이 하위의 것을 지배하는 것이 자연계의 질서라는 통찰을, 인간에게도 적용한다.

그것이 지성이나 정신 또는 … 무엇이라 불리든 인간이 그것에 의하여 가축들보다 뛰어나다면, … 그것이 인간을 이루는 다른 것들을 지배하고 명령한다면 그

때야말로 인간은 가장 질서 잡힌 것이다. … 영혼의 이
러한 움직임들을 이성이 지배할 때, 질서 잡힌 인간이
라고 불려야 한다.

— 『자유의지론』 I ,8,18

아우구스티누스는 인간이 하위의 것을 지배할 수 있게
하는 이성이란 인간 내면에서도 보다 월등한 위치를 지니
며, 상위의 이성이 하위의 욕망들을 지배할 때 바른 질서가
생긴다고 주장한다(『자유의지론』 I,8,18). 즉 인간에게 이성이
욕망을 지배하는 것은 월등한 것이 열등한 것을 지배하는
바른 질서를 의미한다.

아우구스티누스는 이를 자신의 저서 여러 곳에서 영원법
과 연결시킨다. 인간의 마음 안에는 신의 정신 안의 영원한
근거(rationes aeternae, Logos)에 바탕을 둔 '영원한 도덕률'이 새
겨져 있다(『자유의지론』 I,6,15). 이 영원법은 자의적인 규칙이
아니라 신의 본성과 신에 대한 인간의 관계에서 유래한다.

영원법은 그것에 의해서 모든 사물이 질서정연해지는
것이 마땅한 그러한 법, 우주의 질서이며 결코 변하지 않는
법이다. 실정법은 현세의 법으로, 시대와 상황에 따라 유동

적일 수 있으며 영원법으로부터 유래해야만 질서 있고 정당한 법이다(『자유의지론』VI,15,16).

그렇지만 모든 인간이 질서정연한 인간이 되어 이성으로 욕망을 지배하는 것은 아니다. 따라서 아우구스티누스는 바른 질서에 따라 사는 사람과 그렇지 못한 사람을 구분한다. 즉 인간이 어리석은 상태에 있다고 하는 것은 자신의 비이성적 감정들을 이성적 영혼이 지배할 수 없음을 뜻하며, 반면 지혜롭다는 것은 인간 내면의 우열이 질서 잡힌 상태에 이를 때 가능하다(『자유의지론』I,9,19).

여기서 주목해야 할 것은 어리석은 자란 지성이 결여되어 있는 자가 아니라, '지성이 내재되어 있기는 하지만 지배권을 가지지 못한 자'라는 것이다. 이렇게 아우구스티누스는 인간의 삶을 짐승도 할 수 있는 '단순히 산다는 것'과 구분하여 참된 삶의 의미를 '영원법의 질서를 따라 사는 것'에서 찾았다.

그런데 아우구스티누스에게서는 이러한 삶에서 중요한 것이 단순히 이론적으로 영원법을 이해하는 것이 아니었다. 이는 각각의 대상들을 '어떻게 사랑할 것인가?'하는 문제로 귀결된다.

사랑의 대상은 원래 모두 다 목적이라고 볼 수 있다. 다만 많은 목적들이 서로 비교되고 감안될 때 목적의 계열이 형성되고, 끝에 가서는 그 궁극적 목적인 행복에 도달하게 된다. 여기에 도달하기 위하여 인간은 이 목적 계열에 따라 질서에 적합한 사랑으로써 사물을 사랑하는 것이 필요하다.

아우구스티누스는 인간 이외의 모든 사물은 인간의 신체를 위함이고, 신체는 인간의 영혼을 위함이고, 영혼은 신을 사랑하기 위함이라는 단계를 제안했다. 그러나 그가 참된 삶의 의미라고 보았던 것은 아리스토텔레스가 궁극적인 행복이라고 보았던 철학적·이론적 사색이 아니라 '사랑에 의한 신과의 일치와 그 소유'였다.

이렇게 인간은 삶의 참된 의미를 감각 사물들로부터 떠나서 신에게로의 전향(conversio), 즉 최고 원리와 일치하는 것에서 실현한다. 인간은 신을 자기 삶의 좌표에서 중심으로 삼음으로써 우주에서의 자기 위치를 바로 인식하는 것과 더불어 세계를 '코스모스(Kosmos)인 세계'로서 제대로 알아볼 수 있게 된다.

신이 완벽하다면,
악은 왜 존재하는가?

내가 지금까지 그 근원을 찾아왔던
저 악은 실체가 아닙니다. …
그러므로 내가 보았고 확실하게 된 것은 …
우리 주님이 모든 것을 좋게 만드셨기 때문에,
모든 것은 참으로 좋다는 사실입니다.

– 『고백록』VII,12,18

아우구스티누스가 '자신을 사로잡았던 주된 관심사가 신과 영혼에 있었다'고 고백했지만, 이것을 제외한다면 아마도 그가 전 생애에 걸쳐서 집중하고 있던 질문은 '악이란 무엇인가?'인 것처럼 보인다. 수사학을 공부하던 시절부터 말년에 『신국론(De Civitate Dei)』을 완성할 때까지 이 문제는 지속적으로 그의 관심을 끌었다.

오히려 이 문제에 대한 해결 과정에서 신에 대한 더욱 깊은 인식에 도달하게 되었다고 해도 과언이 아닐 것이다. 아우구스티누스는 젊은 시절에 키케로의 『호르텐시우스』를 읽고, 이미 일련의 심각한 철학적인 문제들에 의문을 품었다. 그 문제들은 '행복을 추구하는 인간에게 왜 부당한 불행이 닥쳐오는가', '도대체 이러한 악은 어디로부터 오는가' 등이었다.

이러한 아우구스티누스의 철학적인 욕구들을 그나마 만족시켜준 것이 마니교였다. 마니교에 따르면 악은 물질세계에 본래부터 존재하고 있는 '근절할 수 없는 힘'이다. 마니교의 스승들은 세상의 선은 선한 신으로부터 유래하며, 악은 악한 신으로부터 유래한다는 이원론을 주장했다.

이 세상에서는 선한 신과 악한 신의 끊임없는 싸움이 벌어지고 있으며, 그리스도교와는 달리 선한 신이 악한 신을 완전히 제압하는 능력을 지니지는 못한다. 그것은 악의 원천도 최고 실재자, 즉 신이기 때문이다. 선한 신이 승리하면 세상에는 정의와 평화가, 악한 신이 더 큰 힘을 얻으면 세상에는 불의와 전쟁과 폭력이 난무하게 된다.

아우구스티누스는 어릴 때부터 자신 안의 악으로 기울어지는 경향을 체험했고 이에 대한 고민을 안고 있었기 때문에, 마니교에서 이를 해명할 수 있는 그럴듯한 평계를 발견했다. 만일 세계가 선한 신과 악한 신의 싸움으로 가득차 있다면, 이들의 영향력을 거스를 힘이 없는 인간은 자신의 행위를 책임질 필요가 없다.

마니교를 선택함으로써 아우구스티누스는 어머니의 영향으로 항상 의식하고 있던 종교적 죄책감으로부터 일시적으로나마 탈출할 수 있었다. 그러나 아우구스티누스는 시간이 지날수록 마니교식 '악의 해명'이 내포하고 있는 문제점을 인식하게 되었다.

신을 전능한 절대자로 상정하면 또 다른 절대자가 존재할 경우, 그 다른 원리에 의해서 한 원리는 근본적으로 제약을 받게 된다. 선신과 악신이 서로를 제약하게 된다면,

그 둘은 모두 절대자로 부르기에는 부족한 참된 신이 되지 못할 것이다.

마니교적인 악에 대한 해명도 불충분했지만, 그리스도교로 개종한 아우구스티누스에게 세상에 실재하는 악의 문제는 더욱 심각한 형태로 제기되었다. 선 자체인 전능한 신이 창조한 이 세계에 왜 악과 불완전성이 존재하는가? 현실 안에 너무도 생생한 악의 존재 앞에서 신의 전지전능과 선함은 모순되는 것처럼 보인다.

실제로 마니교도들은 만일 신이 이 세상의 모든 악을 없앨 수 있으면서도 이를 방치하고 있다면 선한 신이라고 할 수 없고, 인간이 겪는 고통과 악 때문에 마음 아파하면서도 이를 없앨 수 없다면 전능한 신이라 할 수 없다며 그리스도교의 신관을 비판했다.

이러한 난제를 아우구스티누스는 신플라톤주의자 플로티노스의 '악은 선의 결핍(『엔네아데스』 I,7,15)'이라는 개념을 이용해서 해결하려 했다. 플로티노스에 따르면 악이란 자연의 사물 같은 적극적 실체가 아니고 우유적(偶有的), 즉 실체에 수반되는 현상에 지나지 않는다.

다시 말하여 악은 자연 사물이 '반드시 지녀야 할 완전성이나 본성의 결핍'인 것이다. 결핍은 구체적인 대상이 있어야 가능한 것이니, 선 내지 존재 밖에서 악은 존재할 수 없다.

> 내가 지금까지 그 근원을 찾아왔던 저 악은 실체가 아닙니다. 만일 악이 실체라면 그것도 좋은 것이기 때문입니다. 또는 악이 하나의 소멸될 수 없는 실체라면 그것은 최고로 좋은 것이 될 것이요, 소멸될 수 있는 실체가 아닐 것입니다. 그러므로 내가 보았고 확실하게 된 것은 당신이 모든 것을 좋게 만드셨고, 그렇지 않은 실체는 하나도 없다는 사실, 그리고 우리 주님이 모든 것을 좋게 만드셨기 때문에, 모든 것은 참으로 좋다는 사실입니다.
>
> — 『고백록』VII,12,18

아우구스티누스에 따르면, 창조주는 세계와 그 안에 있는 사물을 선하게 창조했지만, 이 자연적 본성에 결핍이 생기면서 악이라는 현상이 나타났다. 이 경우 신이 결핍의 직접적인 원인이 아니라면 악에 대한 책임을 신에게 직접적으로 돌릴 이유가 없어진다.

신의 힘에 의존하는 피조물은 신과의 근원적인 연결이 손상되면 선한 본성의 결핍이 일어나기 때문에 악으로 기울어진다. 이것이 바로 악이 실재하는 이유에 대한 아우구스티누스의 일차적인 대답이었다.

악의 존재에 대한
인간의 책임

당신이 스스로 모든 가르침의 근원인
당신 안에 있는 진리에 의해서
배움을 얻어 답변하기를 바랍니다. …
우리는 자유의지가 부여되지 않았어야 한다든지
주어진 것과 다른 방식으로 부여되었어야 했다고
말해서는 안 됩니다.

– 『자유의지론』 II,2,4

'악은 선의 결핍'이라는 설명을 통해서 신은 악을 창조했다는 일차적인 책임은 면할 수 있게 되었다. 그러나 이로써 악과 관련된 질문은 더욱 심화될 여지가 마련된다.

선 자체인 전능한 신에게서 멀어져 악으로 기울어지는 경향은 도대체 어떻게 가능한가? '전능한 신이 모든 것을 선하게 창조했다'라는 주장은 우리가 현실에서 직접 느끼는 악과 모순된 것처럼 보인다.

아우구스티누스는 이 주제에 대하여 『자유의지론』에서 매우 상세히 다루고 있다. 책의 시작 부분에서 그는 '신은 인간들이 저지른 악의 조성자가 될 수 없으며, 인간들이 당하고 있는 악을 만들어낸 자는 인간 자신'이라고 주장한다 (『자유의지론』I,1,1).

그런데 이처럼 악을 행하는 것의 원인이 신이 아니라면, 악이 본질적으로 인간 내면의 어느 부분에서 발생하는지에 대한 문제가 남는다(『자유의지론』I,3,8). 결국 악의 원인은 금지된 법률과 같은 외적인 것이 아니라 인간의 내면에서 찾아야 하는데, 그 근원이 '탐욕(cupiditas)' 또는 '자유로운 의지의 잘못된 사용'이라는 것이다.

아우구스티누스는 마니교적 이원론과 결정론을 비판하

면서 인간의 의지(voluntas)를 대단히 강조했다. 그에 따르면, 인간이 어떻게 죄를 지을 수 있는가를 이해하기 위해서는 먼저 영혼의 인식적 기능을 점검해 보아야 한다.

인간이 다른 동물보다 우월한 이유는 그 이성 또는 정신에 있고, 이는 자신의 인식 능력을 갖출 뿐만 아니라 스스로를 통하여 관장할 수 있는 기능을 가지고 있다. 인간의 의지는 자유롭지만 동시에 도덕적인 의무, 즉 영원법을 따라야 한다는 것이다.

물론 아우구스티누스 자신도 무수히 체험한 바와 같이 인간에게서는 영혼과 육체 사이에 고통스러운 싸움이 벌어진다. 그렇지만 이들 두 요인 중에서 어느 쪽이 더 강한가는 그에게 분명했다. 영혼이 육체보다 상위에 있고 훨씬 더 강하기 때문에 비이성적인 탐욕이 이성의 지배를 받아야 하는 것은 당연하고 또 정당한 것이다(『자유의지론』 I,10,20).

그러므로 아우구스티누스에 따르면, 악은 인간이 보다 상위에 있는 영원한 선과 미, 진리를 무시하고 자유의지를 잘못 사용하여 생겨났던 것이다. 그는 인간의 의지가 인간이 행하는 악의 유일한, 그리고 직접적인 원인이며 우리가 죄를 범한 것은 우리 의지의 자유로운 선택 때문이라고 강조한다(『자유의지론』 I,10,21).

이어지는 토론에서는 이러한 의지의 잘못된 사용을 신의 섭리 탓으로 돌리려 하는 에보디우스(Evodius)에 맞선다. 아우구스티누스는 "이렇게 신을 외면하고 눈을 돌리는 것은 강제에 의한 것이 아니라 자발적인 행위에 의한 것이다 (『자유의지론』 II,19,35)"라는 사실을 분명히 밝혔다.

이러한 아우구스티누스의 설명에도 불구하고, 악에 관련해서는 다음과 같은 복잡한 질문이 계속 생겨난다. 창조주가 인간이 죄를 지을 가능성을 미리 알았다면, 인간에게 자유의지를 허용하지 말았어야 하는 것이 아닌가? 이에 대하여 아우구스티누스는 '자유의지는 정당하게 주어졌다'고 답한다.

> 나는 신이 내가 당신에게 답변할 수 있도록 허락해 주시거나, 오히려 당신이 스스로 모든 가르침의 근원인 당신 안에 있는 진리에 의해서 배움을 얻어 답변하기를 바랍니다. … 신이 자유의지를 주신 것이 분명하다면, 그것은 바로 그렇게 주어진 형태대로 이루어졌어야 합니다. 우리는 자유의지가 부여되지 않았어야 한

다든지 주어진 것과 다른 방식으로 부여되었어야 했다고 말해서는 안 됩니다.

─『자유의지론』 II,2,4

아우구스티누스는 신이 자유의지를 준 행위는 정당한 것이라는 점만을 강조할 뿐만 아니라, 자유의지가 결여된 동물들보다, 비록 잘못을 저지를지라도 자유의지를 지닌 인간이 더욱 훌륭한 존재의 단계에 속한다고 주장한다.

아우구스티누스는 이 문제에 대한 완결된 대답을 주지 않지만, 그가 제시한 방향성은 후대에도 지속적으로 영향을 미쳤다. 후대의 학자들에 따르면, 인간의 자유란 신의 인도를 따르고 신에게 사랑과 존경을 드리는 데 결정적인 의미를 지닌 필수 조건이다.

결론적으로 아우구스티누스에 따르면, 신은 결코 인간의 고통과 악을 원하지 않는다. 그러나 인간에게 준 자유라는 소중한 선물에 의하여 악이 발생하며, 이에 따라 고통이 초래될 수 있는 가능성을 허용했다는 것이다.

신을 소유하는 것이
곧 행복이다

그들이 원하는 것을 가지지 못했거나,
원하는 것이 올바르지 못한 이들은 비참하다.
따라서 그가 원하는 모든 것을 가지고,
잘못된 어떤 것도 원하지 않는 사람만이
행복한 사람이다.

– 『삼위일체론』XIII,8

아우구스티누스는 어느 날 밀라노 거리를 걷다가 술에 취한 거지가 행복해하는 모습을 목격한다. 그러면서 자신은 저 거지보다 여건이 더욱 좋은데도 도대체 왜 행복감을 느끼지 못하는지에 대한 심각한 고민에 빠진다. 이 질문에 대한 중요한 단서는 훗날 아우구스티누스가 그리스도인이 되고 나서야 얻게 된다.

아우구스티누스에게서 행복한 삶이란 과연 무엇이었으며, 그것은 어떻게 가능했을까? 만일 당신에게 누군가가 '행복하세요?'라고 묻는다면, 그리 쉽게 '네'라고 대답하지 못할 것이다. 그러나 만일 '행복해지고 싶으세요?'라고 묻는다면 거의 모든 사람들이 이구동성으로 '네'라고 대답할 것이다.

이러한 문답을 바탕으로 아우구스티누스는 '행복해지고 싶은 자, 즉 행복을 찾는 자는 행복하지 않다'라는 조금은 의아한 주장을 펼친다. 행복을 찾고 있는 자는 자기의 현실 삶에서 충분한 만족을 얻지 못하기 때문에, 다른 삶을 추구하고 있으니 행복하지 않다는 것이다.

이러한 주장과 함께 아우구스티누스는 욕구하는 것을 소유하고 있는 자는 행복하고, 반대로 그것을 소유하지 못한 자는 불행하고 비참하다는 일반적인 주장도 말 그대로 받아들이지 않는다.

> 그들이 원하는 것을 가진 사람을 행복하다고들 말하지만, 원하는 것을 가진 모든 사람이 행복한 것은 아니다. 그들이 원하는 것을 가지지 못했거나, 원하는 것이 올바르지 못한 이들은 비참하다. 따라서 그가 원하는 모든 것을 가지고, 잘못된 어떤 것도 원하지 않는 사람만이 행복한 사람이다.
>
> ─『삼위일체론』XIII,5,8

만일 욕구하고 원하는 대상이 합당하지 않은 것이라면, 그것을 소유하더라도 행복해지지 못한다. 또한 원하는 것을 소유했다고 하더라도 지금 소유하고 있는 것이 시간의 경과에 따라 상실되는 것이라면 다시금 불행하게 될 것이다.

따라서 아우구스티누스는 행복과 불행을 가르는 데에 '자신의 의사에 반하여 빼앗길 수 있는 것인가'라는 기준을 들여온다. 이 점에서 행복에 대한 그의 고유한 관점이 잘 드러난다.

아우구스티누스가 보기에 부와 명예 등은 자신의 의사에 반하여 상실할 수 있으므로 안심하고 향유할 수 없는 것들이다. 따라서 그에 의하면, 우리가 행복하기 위하여 추구하는 대상은 무엇보다도 먼저 그 대상 자체가 영속적인 것이어야 하고, 다른 이가 빼앗을 수 없도록 우리와 필연적인 관계를 가지는 것이야 한다(『시편 상해』 XXVI,7).

이러한 대상에는 과연 무엇이 있을까? 탁월한 인문학적 지식을 지니고 있던 아우구스티누스는 행복에 관한 고대의 학설 전체를 알고 있었다. 그렇다면 고대철학자들이 행복의 근거로 자주 언급했던 '덕'이 그 대상이 아닐까?

그러나 아우구스티누스에게는 덕 그 자체마저도 행복을 추구하기 위한 목표가 될 수 없었다. 그는 오직 '신'만이 소유했을 때, 진정으로 행복해질 수 있는 유일한 대상이라고 주장한다. 신이야말로 기타 모든 것으로부터 독립된 영원한 존재로서 불변하고 불멸하는 것이요, 또한 만물의 창조자이자 모든 생명의 근원이므로 우리 존재와도 필연적인 관계에 있기 때문이다.

그렇다면 신을 소유한다는 것은 도대체 무엇을 의미하는가? 신은 다른 귀중한 소유물처럼 어디에서 구입하거나 금고 같은 곳에 보관할 수 있는 대상이 아니다. 따라서 신을 소유하려면 밖에서 찾는 것이 아니라 자기 안에서, 즉 내면에서 그것을 찾아야 한다.

아우구스티누스는 신과 지혜를 동일시하는 그리스도교의 전통에 따라, 신을 소유한다는 것은 마음에 지혜를 가지는 것이라고 주장한다. 마음이 바른 절도를 가짐으로써 스스로의 참된 진리를 보유하는 동시에 진리 자체에 참여하게 되면 곧 신을 소유하게 된다(『자유의지론』 II,13,37).

아우구스티누스에 따르면, 이와 같이 참된 진리와 마음의 지혜를 추구하는 자야말로 진정 행복한 사람이다. 그러나 진리를 인식함으로써 소유하는 것이 행복의 필수 조건이지만, 이것은 진정한 행복의 한 측면에 지나지 않는다. "가지고 있어도 사랑하지 못하면, 그것이 비록 더없이 좋은 것이라고 할지라도, 행복하지 못하기 때문이다(『가톨릭교회의 관습과 마니교도의 관습』 I,3,4)."

아우구스티누스에게서 궁극의 행복은 지적인 것만도 의지적인 것만도 아니다. 인간이 죽은 후에야 가게 될, 천상 예루살렘에서 얻게 되는 진리로 말미암은 참행복, 지복직관(至福直觀, visio beatifica)에 이르러서야 도달하게 된다.

존재의 가치에 따른
사랑의 윤리학

사랑하시오, 그리고 당신이 원하는 것을 하시오.

– 『요한제1서에 관한 설교』 VII,8

아우구스티누스의 윤리 사상은 그의 사상 중에서도 특히 주목을 받았다. 소크라테스와 플라톤으로 이어지는 고대 그리스 철학의 전통은 다소간의 차이는 있어도, 윤리의 기준으로서 지성의 작용을 강조하는 주지주의적인 성격을 지니고 있었다.

반면 아우구스티누스는 윤리 행위가 이론적 학문들에서 통용되는 삼단논법으로 환원될 수는 없고, 지혜와 진리를 사랑하고자 하는 인간의 '의지'로부터 생긴다고 보았다. 의지는 모든 사랑하는 대상을 향하여 다가가며, 사랑은 무거운 중력처럼 영혼을 이리저리 끌고 다닌다(『고백록』 XIII,9,10).

아우구스티누스에 따르면, 이처럼 의지는 한 개인의 인격성 중심에 자리 잡고 있다. 그에게 윤리에서 관건이 되는 것은 사물들의 가치에 대한 학문적 지식(scientia)이 아니라, 질서를 이해하는 철학적 지혜(sapientia)와 이에 따라 올바르게 사랑하고자 하는 의지이다.

> 무엇이 선한지를 아는 사람이 아니라, 그것을 사랑하는 사람이 올바르게 선한 사람이라고 불린다. … 우리가 만약 짐승이라면 우리는 육체적이고 감각적인 삶

을 사랑할 것이고 이것이 충분한 선일 것이다. … 우리
가 만일 돌이나 파도나 바람이나 불꽃이나 그와 흡사
한 무엇이라면 아무 감각과 생명이 없겠지만 자기에게
고유한 위치나 자연적 질서를 향하는 어떤 이끌림만은
없지 않을 것이다. … 정신이 사랑에 의하여 이끌리듯,
물체는 중력에 의하여 정해진 대로 이끌려 갈 것이다.

— 『신국론』XI,28

따라서 많은 학자들은 아우구스티누스를 '주의주의'의
대표적인 사상가로 보고 있다. 그는 윤리의 핵심을 의지의
작용, 그중에서도 사랑에서 찾았다.

사랑하시오, 그리고 당신이 원하는 것을 하시오. 당신
이 침묵하면, 사랑으로 침묵하시오; 당신이 울면, 사
랑으로 우시오; 당신이 산다면, 사랑으로 사시오. 당
신이 아낀다면, 사랑으로 아끼시오. 뿌리는 사랑 안에
있어야 하고, 선은 오직 이 뿌리로부터만 존재할 수 있
습니다.

— 『요한제1서에 관한 설교』VII,8

따라서 아우구스티누스의 윤리학은 일반적으로 '사랑의 윤리학'이라고도 불린다. 아무리 행위의 결과가 좋더라도 그 행위자가 다른 목적을 지니고 사랑이 없이 행동했다면, 그 행위를 진정한 의미에서 윤리적 행위라고 부를 수는 없다. 이 점에서 사랑은 윤리적 행위의 필요조건이라고 할 수 있다.

그러나 스토커나 부모의 지나친 집착처럼, 행위자가 사랑이라는 이름 아래 행하는 모든 행위가 윤리적인 것은 아니다. 따라서 '어떤 종류의 사랑이 인간 행위를 윤리적으로 만들 수 있는가'라는 질문이 제기된다.

아우구스티누스는 우선 사람이 사물을 사랑하는 태도에 따라 두 종류의 사랑을 구분한다. 즉 사물 그 자체를 목적으로 하여 사랑하는 것을 '향유(frui)'라고 부르고, 그 외에 다른 목적을 위한 수단으로서 사물을 사랑하는 것을 '사용(uti)'이라고 한다.

그렇다면 어떤 대상이 향유되어야 하고, 어떤 대상이 사용되어야 하는 것일까? 아우구스티누스에 따르면 하위에 있는 것은 보다 상위에 있는 것에 도달하기 위한 수단으로 사용되어야 하며 상위에 있는 것은 향유되어야 한다.

아우구스티누스는 우리의 행위가 따라야 할 존재의 질서에서 가장 상위를 차지하며, 최고 목적의 자리를 차지하는 것은 바로 신이라고 보았다. 따라서 그에게는 신이야말로 절대적으로 향유되어야 하는 대상이다(『가톨릭교회의 관습과 마니교도의 관습』 I,25,46).

아우구스티누스가 신만을 절대적인 향유의 대상으로 삼는다고 해서, 결코 이 세상의 다른 사물들을 경시하거나 악의 근원으로 생각한 것은 아니다. 오히려 그에게 만물은 창조주가 '보시니 좋더라'라고 선포했던 근본적으로 좋은 것이다. 그는 그리스도교의 전통에 따라 철학에 도입된 '존재하는 모든 것은 선하다'라는 원리에 따라 사유하고 있다.

중요한 것은 피조물들 사이의 질서를 올바로 파악하고 그 가치의 서열에 따라서 그것을 활용하는 일이다. 즉 인간의 사랑을 결정하는 기준으로서의 '가치의 질서'는 '존재의 질서'에 따라야 한다.

그러나 우리는 인간들의 삶 속에서 이러한 가치 질서의 혼란을 자주 만난다. 인간들은 자신이 수단으로 사용해야 할 돈의 노예가 되어서 이를 최고의 목적으로 삼는 일을 종종 벌인다. 종교를 빙자한 수많은 전쟁이야말로 신을 자신들의 경제적 이익과 정치적 목적을 위하여 사용한 대표적인 경우들이다.

또한 일부 대형 교회가 세습 및 재산 분할 등으로 분쟁에 빠지게 된다면 과연 자신들이 신을 향유하고 있는지, 아니면 명예와 재산 등의 다른 목적을 위하여 신을 사용하고 있는지 근본적으로 반성해 보아야 한다.

이와 같은 가치나 윤리의 왜곡을 피하기 위해서, 아우구스티누스는 사랑해야 할 것을 올바른 방식으로 사랑하는 사랑의 질서를 요구했던 것이다.

신국론, 사랑으로 선포한
신의 나라

두 사랑이 있으니
하나는 순수하고 하나는 불순하다.
하나는 '사회적 사랑(amor socialis)'이요,
하나는 '사사로운 사랑(amor privatus)'이다. …
하나는 신에게 복속하고 하나는 신에게 반역한다.
… 천사들로부터 시작해서
한 사랑은 선한 자들에게 깃들고
한 사랑은 악한 자들에게 깃들어서
두 나라를 가른다.

- 『창세기 축자 해석』 XI,20

아우구스티누스는 자신의 '사랑의 윤리'에 따라 인간을 두 가지 유형, 육체에 얽매여 살면서 변할 줄 모르는 낡은 사람과 신의 성령으로 재생하여 거듭난 새 사람으로 구분한다. 낡은 사람이란 외적인 사람, 땅의 사람이며, 새 사람은 내적인 사람, 하늘의 사람을 의미한다.

아우구스티누스는 이러한 구분을 토대로, 대상에 대한 사랑의 일치, 즉 공통된 대상으로 향하는 각 사람의 사랑은 자연스럽게 거기에 하나의 집단을 이룩한다는 사실에 주목한다(『시편 상해』 LXIV, 2). 신을 무시하고 자기만을 추구하는 사랑을 하는 인간들은 바빌론, 즉 '땅의 나라(civitas terrena)'에 속하게 된다. 이들은 낡은 사람의 생활, 시간적인 것을 사랑의 공통 목적으로 하는 생활을 하게 된다.

이와는 반대로 언제나 영원한 행복을 바라는, 희망에 사는 내적인 사람은 신을 따르는 생활을 영위함으로써 예루살렘, 즉 '신의 나라(civitas Dei)'의 백성이 된다. 아우구스티누스의 이러한 구분은 그의 대작인 『신국론』을 통해서 유명해졌다.

아우구스티누스는 공동체의 차원에서도 자신의 윤리를 이루는 핵심 개념인 '사랑'을 중심으로 설명한다. 땅의 나라와 신의 나라는 각각 '사사로운 사랑'과 '사회적 사랑'에 토대를 두고 있다.

> 두 사랑이 있으니 하나는 순수하고 하나는 불순하다. 하나는 '사회적 사랑(amor socialis)'이요, 하나는 '사사로운 사랑(amor privatus)'이다. 하나는 상위의 나라를 생각하여 공동의 유익에 봉사하는 데 전념하고, 하나는 오만불손한 지배욕에 사로잡혀 공동선마저도 자기 권력하에 귀속시키려 한다. 하나는 신에게 복속하고 하나는 신에게 반역한다. … 천사들로부터 시작해서 한 사랑은 선한 자들에게 깃들고 한 사랑은 악한 자들에게 깃들어서 두 나라를 가른다.
>
> ─『창세기 축자 해석』XI,20

'사사로운 사랑'이란 그 나라 국민의 일부만을 사랑하는 사랑, 타인을 염두에 두지 않고 신과 자신 사이의 일대일 관계에만 집착하는 사랑이다. 이는 사회의 분열, 온갖 차별과 편중, 오만과 탐욕과 인색만을 키울 뿐이다. 반면 '사회적 사랑'은 공동선의 사랑, 화해와 통일과 공평을 도모하는 사랑이다(『신국론』 XII,1).

아우구스티누스는 그러한 신의 나라는 교회 안에 있고, 땅의 나라는 바빌론과 로마의 이교도적인 제국에서 가장 대표적인 모습을 드러낸다고 주장한 바 있다. 그러나 그에게서 국가가 곧 땅의 나라 또는 악마의 나라인 것은 아니다.

국가는 인간의 자연스러운 본성인 사회성의 발로이며 가족 사회의 자연스러운 발전 결과이기 때문이다. 따라서 그리스도인은 정치와 그 평화를 멸시하지 말고, 본인은 비록 신의 나라를 지향하며 이 세상에 순례자로서 길을 가더라도 지상의 평화를 향유해야 마땅하다(『신국론』 XIX,13-17).

더욱이 신의 나라와 땅의 나라라는 관념은 도덕적이며 영성적인 것이고, 그 둘은 어떤 현실적인 체제, 즉 교회와 국가 등과 정확하게 상응하는 것이 아니다.

예컨대 어떤 사람이 그리스도교도이면서 교회에 속하여 있을지라도, 만일 그의 행위의 원리가 자기에 대한 이기적 사랑일 뿐 신에 대한 사랑이 아니라면, 그는 영성적으로는 땅의 나라에 속하여 있다고 할 수 있기 때문이다. 이와는 반대로 만일 한 국가 관리의 행위를 신의 사랑에 의해서 주도하고 정의와 사랑을 추구한다면, 그는 영성적으로 신의 나라에 속하여 있다고 할 수 있다(『시편 상해』 LI,6).

아우구스티누스는 이러한 구별을 토대로 로마제국 전체의 역사와 그리스도교 전통에 따른 구원의 역사 안에서 영성적이고 도덕적인 의미가 어떻게 드러나는지 모색했다.

따라서 아우구스티누스가 보는 역사는 우주에 미학적 조화를 갖추면서도 궁극을 예시하는 도덕적 추동력을 가지고 있다. 그리고 그 이상적 목표는 바로 '신의 나라'이다(『신국론』 XI,17). 역사는 신과 인간의 두 의지가 만들어내는 합작품이기 때문에, 비록 두 나라가 공존하면서 갈등하는 파행을 겪을지라도 결국에는 신의 영광이 드러날 것이다.

이러한 과정은 또 다른 면에서도 의미를 지닐 수 있다. 바로 이 역사가 신의 섭리와 은총을 통하여 인간의 개선과 구원을 이끌어내는 인류의 교육과정이라는 점이다. 이렇게 인류의 역사 안에서 의미를 찾으려는 아우구스티누스의 시도는 향후 헤겔이나 마르크스 등에 의하여 발전될 '역사철학'의 시발점이 되었다.

정의가 없는 국가란
거대한 강도떼다

천상 평화야말로 참으로 평화이며,
적어도 이성적 피조물은 이것만을
평화로 여기고 평화라 불러야 한다.
다시 말하여 신을 향유하고
신 안에서 서로를 향유하는 사회야말로
가장 질서 있고 가장 조화로운 사회이다.

– 『신국론』 XIX,17

'땅의 나라와 신의 나라'에 대한 구분을 볼 때면 아우구스티누스가 로마제국을 비롯한 모든 정치제도를 폄하하고 있다는 인상을 받을 수 있다. 국가는 권력에 눈이 멀어서 추악한 정복이나 일삼으며, 권세 있는 자들이 폭력을 휘두르는 기관쯤으로 평가하고 있는 것처럼 보이기도 한다.

그러나 앞서 이야기했듯이, 결코 아우구스티누스에게서 국가가 곧 '땅의 나라'는 아니다. 그렇다면 그가 로마제국을 비롯한 국가를 그토록 강하게 비판하는 이유는 무엇인가? 이에 대한 해답은 "정의가 없는 왕국이란 거대한 강도떼가 아니고 무엇인가(『신국론』 IV,4)"라는 질문에서 찾을 수 있다.

이를 설명하기 위하여 아우구스티누스는 알렉산더대왕과 해적 사이의 흥미로운 대화를 소개한다. 알렉산더대왕이 잡혀 온 해적에게 "무슨 생각으로 바다에서 남을 괴롭히는 짓을 저지르냐"고 문초하자, 그 해적은 다음과 같이 답변했다고 한다.

그것은 당신이 전 세계를 괴롭히는 것과 같습니다. 단지 저는 작은 배로 이것을 하기 때문에 해적이라 불리

고, 당신은 대함대를 가지고 이것을 하기 때문에 황제
라고 불릴 뿐입니다.

－『신국론』IV,4

이를 통하여 아우구스티누스는 강도떼도 사람들로 구성
되어 있고, 한 사람의 두목에 의하여 지배되는 한편, 결합
체의 규약으로 조직되어 있다는 사실을 꼬집는다. 그러므
로 앞서 언급했던 국가에 대한 일반적인 규정에 해당할 수
있다는 사실을 환기하고 있는 것이다.

아우구스티누스는『신국론』에서 고전적인 규정에 따라
정의란 각자에게 각자의 몫을 주는 것이며, 이러한 정의를
저버리고 불법을 저지른 자는 남에게 해악을 끼치지 못하
도록 징벌을 통하여 교정해야 한다고 주장한다. 전 세계를
지배하고 정복한 로마제국도 진정한 정의를 실현하지 못
했기 때문에 진정한 공화국이라 불릴 수 없다고 비판하는
것이다.

아우구스티누스는 물론 선한 정부와 선한 법이 존재할
수 있다는 사실을 인정했지만, 선한 정부와 법은 단순히 힘
에 의지하지 않고 도덕적 근본을 지니고 있을 때만 유지될

수 있다고 보았다. 즉 선한 정부와 법은 신적 섭리의 원리가 나타난 하나의 예증이며 참된 정의와 '영원한 신법'의 그림자인 셈이다.

아우구스티누스에 따르면 '땅의 나라'도 평화를 추구하며, 평화가 달성되면 '신의 나라'의 시민들도 지상의 평화를 향유할 권리가 있다. 그렇지만 그가 주장하는 참된 평화는 폭력과 불의 그리고 전쟁을 혐오하는 인간적 평화를 바탕으로 하기에, 그 평화에 새로운 가치와 활력이 부여되어 신국의 평화로 승화되었을 때 비로소 이루어진다.

> 천상의 도성도 이 순례의 길에서는 지상 평화를 이용하고 … 사멸할 인생에 속하는 사물들에 관하여 인간 의지들 사이에 이루어지는 적절한 조정을 보호하고 추구하며 지상 평화를 천상 평화에로 귀결시킨다. 천상 평화야말로 참으로 평화이며, 적어도 이성적 피조물은 이것만을 평화로 여기고 평화라 불러야 한다. 다시 말하여 신을 향유하고 신 안에서 서로를 향유하는 사회야말로 가장 질서 있고 가장 조화로운 사회이다.
> ─ 『신국론』XIX,17

신국의 완전한 평화야말로 참평화이며, 은총이 복원하고 구현하는 내면적 질서에서 오는 평화이다. 아우구스티누스는 이러한 평화관을 바탕으로, 인간의 자연스러운 염원을 반영하는 다른 가치들을 신앙과 은총을 통하여 승화시키려고 노력했다.

아우구스티누스에 따르면 전쟁이라는 것은 그만큼 통일되고 합심한 국민들로부터 시작되며 "상대방을 자기 사람으로 만들고, 자기에게 정복된 인간들에게 자기 나름대로 평화의 법률을 부과하고 싶어(『신국론』XIX,12)" 하는 욕심에서 발생한다.

영토의 통일된 지배를 염원하는, 인간들의 타고난 욕심에 곧 다툼의 원천이 자리 잡고 있다. 그래서 타자의 불의 때문에 발생하는 의로운 전쟁이 없지 않고, 그러한 경우에는 "불의한 자들이 의로운 자들을 지배하는 것보다 더 고약한 일은 없기(『신국론』IV,15)" 때문에 선인들에게는 전쟁을 치를 힘이 필요 불가결한 것처럼 보일 때도 있다.

그렇지만 그 의롭다는 전쟁에서도 자랑할 만한 것보다는 괴로워할 만한 것이 훨씬 많다. 그래서 신앙의 지혜를 가진 자에게는 전쟁이란 도무지 칭찬할 만한 것이 되지 못한다. 따라서 전쟁이 필요할 때라도, 전쟁은 인간성을 존중하는 차원에서 치러져야 한다. 적에게도 수치나 분노의 감정을 주어서 또 다른 갈등의 씨앗을 뿌려서는 안 된다.

그러므로 현자라면 의로운 전쟁과 불의한 전쟁을 논구할 것이 아니라 불의와 충돌의 근본 원인인 '지상적인 것에 대한 사랑'을 마음에서 제거하는 일에 앞장서야만 한다.

PART 5

보에티우스

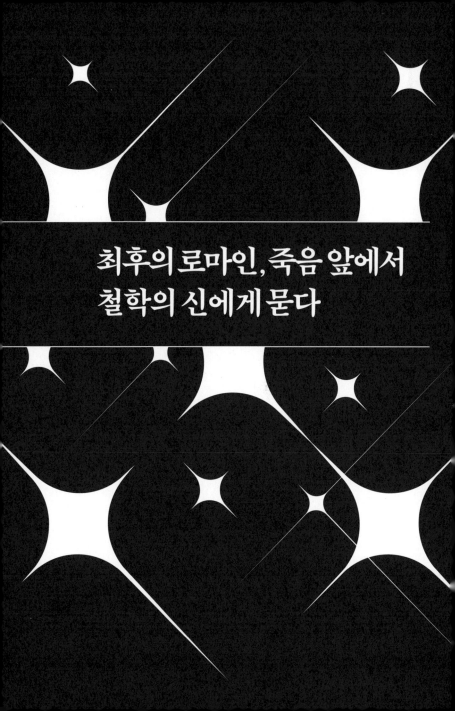

최후의 로마인, 죽음 앞에서
철학의 신에게 묻다

보에티우스 Boethius, 475/480~524/525

철학의 가르침을 전하고자 한 로마 최후의 철인(哲人).

로마의 명문 가문에서 태어난 그는 아테네에서 그리스 철학을 연구한 후, 동고트왕국에서 중요한 관직을 두루 지내며 그리스 철학 사상을 정치에서 실현하려 노력했다. 이를 위하여 정치에 적극적으로 참여하면서도, 플라톤과 아리스토텔레스의 작품 전체를 라틴어로 번역할 계획을 세우기도 했다.

그러나 반대자들의 거짓 고발 때문에 반역죄로 몰리면서 파비아 감옥에 갇혀 결국 사형 선고를 받고 처형되었다. 이에 따라 철학의 가르침을 보존하려던 그의 계획 또한 끝내 이룰 수 없었다.

그럼에도 그가 남긴 아리스토텔레스 번역서 일부와 억울한 죽음을 앞두고 저술한 『철학의 위안』은 이후 중세 사상에 지대한 영향을 미쳤다. 476년 서로마제국 멸망 후 서구에 닥쳐온 문화 침체기에 마지막으로 밝은 빛을 비추었던 최후의 로마인이자 최초의 스콜라철학자이다.

하루아침에 사형수가 된
유력 가문의 풍운아

변덕스러운 행운이 날 속여 덧없는 행복을 주었
을 때부터
슬픔의 시간은 이미 내게 가까이 와 있었노라. …
오 나의 벗들이여, 어찌하여 그대들은 때마다 나
를 행복하다고 찬양했던가.
이렇게 쓰러진 나는
결코 확실하게 서 있는 것이 아니었거늘….

-『철학의 위안』I, 시1

보에티우스는 서로마제국이 멸망한 476년경 로마의 최고 명문 아니키우스 가문에서 태어났다. 집정관을 지냈던 아버지가 세상을 떠나자, 보에티우스는 당시 로마의 유력 가문이던 심마쿠스 가문으로 입양되었다.

보에티우스를 양자로 삼았고 나중에 그의 장인이 된 심마쿠스(Symmachus)는 집정관을 지낸 유력자로서 이후 보에티우스에게 지대한 영향을 미쳤다. 보에티우스는 심마쿠스의 딸인 루스티키아나(Rusticiana)와 결혼해서 두 아들을 낳았다.

보에티우스는 자기의 배경에 걸맞게 아테네와 알렉산드리아에서 유학할 기회를 얻었는데, 이 기회를 통하여 그는 플라톤과 아리스토텔레스의 사상을 모두 배울 수 있었다. 뛰어난 성장 배경, 박학한 지식과 훌륭한 인품까지 두루 갖춘 그가 로마로 되돌아왔을 때, 그에 대한 소문은 곧 널리 퍼져나갔다.

서로마제국의 멸망 이후 이탈리아 지역을 다스리고 있던 동고트족의 왕 테오도리쿠스도 이 소문을 듣고 보에티우스를 중용했다. 보에티우스는 산술학, 기하학, 음악학, 천문학을 4학과(quadirivium)라는 이름으로 종합할 정도로

박식했기 때문에 동고트왕국 내의 화폐제도와 도량제도를 개혁하는 일부터 해결하기 시작했다.

이처럼 보에티우스가 매우 뛰어난 능력을 발휘하자 테오도리쿠스는 곧 보에티우스를 중요한 정치적 관직에 임명했다. 보에티우스는 기술적 문제부터 시작해서 재정 문제, 종교 사이의 충돌 문제까지 맡겨진 모든 일을 완벽하게 해결했다.

이후 점점 높은 자리에 오른 보에티우스는 이미 510년에 단독으로 집정관이 되었으며, 522년에 시종무장관(magister officiorum)으로 황실과 국가의 가장 높은 관직을 차지했다. 같은 해에 아직도 청년이던 그의 두 아들은 집정관으로 임명되었다.

그러나 보에티우스의 빠른 성공만큼이나 그를 싫어하는 적대자의 수도 늘어나기 시작했다. 동고트족의 부패한 귀족들은 강직한 그를 몇 차례나 회유해 보았지만 실패했고, 결국 그를 제거하지 않고서는 자신들의 기득권을 유지할 수 없다는 결론을 내렸다. 그리고 모함의 기회를 엿보던 적대자들은 실마리를 찾아내었다.

당시 서로마제국은 멸망했지만, 콘스탄티노플에 위치한

동로마제국은 건재해서 옛 서로마제국의 영토에까지 영향력을 미치는 실정이었다. 테오도리쿠스는 자신의 로마인 관료들이 동로마제국과 내통해서 자기를 폐위시킬 것에 대한 두려움을 지속적으로 품고 있었다.

그러던 어느 날 원로원 의원 알비누스(Albinus)가 동로마제국과 내통하여 반역을 꾀했다는 혐의로 고소당하는 사건이 발생했다. 그는 교황의 최측근으로서 동방과 서방의 교회를 화해시키는 데에도 큰 역할을 했던 유력한 인물이었다. 그러한 알비누스가 동로마제국 황제 유스티니아누스의 신하들에게 테오도리쿠스를 모욕하는 서신을 보냈다 것이 죄목이었다.

보에티우스는 이러한 혐의가 모함이라는 것을 확인하자 뛰어난 웅변술을 활용하여 동료를 변호했다. 그렇지만 적대자들은 오히려 이 변론을 이용하여 그를 반역의 주동자로 몰았다. 불안해진 테오도리쿠스는 보에티우스의 이러한 말과 태도를 그와 원로원이 한통속이 되어 공모했다는 증거로 받아들였다.

알비누스와 보에티우스 두 사람 모두 체포 후 투옥되었는데, 알비누스는 그 자리에서 처형당했고, 보에티우스는 파비아(Pavia)로 유배되어 연금되었다. 옛 로마법에 명시되어 있던 최소한의 변론 권리조차 박탈당한 채, 보에티우스는 하루아침에 사형수가 되었다. 그는 자신의 책『철학의 위안(De Consolatione Philosophiae)』에서 이 상황에 대하여 다음과 같이 노래했다.

> 변덕스러운 행운이 날 속여 덧없는 행복을 주었을 때부터/ 슬픔의 시간은 이미 내게 가까이 와 있었노라./ 이제 불운이 행복의 탈을 벗겨놓고 나니/ 앞으로 나의 삶에는 쓰디쓴 삶만이 연이어 기다리고 있네./ 오 나의 벗들이여, 어찌하여 그대들은 때마다 나를 행복하다고 찬양했던가./ 이렇게 쓰러진 나는/ 결코 확실하게 서 있는 것이 아니었거늘….
>
> ─『철학의 위안』I, 시1

결국 테오도리쿠스 왕으로부터 심한 위협을 받은 원로원은 보에티우스를 사형에 처하는 것이 옳다고 인정했다. 그리하여 보에티우스는 잔인한 고문을 끝에 524년에서 525년 사이에 귀양지인 파비아에서 처형되었다.

02

그리스 철학의 유산을 지킨, 서로마의 교사

내가 그리스의 지혜와 학예들을 가지고
우리나라의 도덕을 가르치는 일 또한
충분히 나의 시민들에게
칭찬받을 만한 일이 될 것이다.

– 『〈범주론〉 주해』 제2권, 서문, PL 64, col.201

보에티우스가 살던 때는 정치적으로나 문화적으로 고대철학이 기획했던, 이상적 삶을 실현하기 어려운 시기였다. 그럼에도 그는 시대의 한계 속에서도 고대철학의 행복 이념을 모범적으로 구현하려 노력했다. 가장 뛰어난 교육을 받았던 그는 정치적 삶과 관조적 삶을 조화시키려 했던 고전 시기의 이상을 자신의 목표로 삼았다.

사실 보에티우스는 공직 생활의 중심에 서는 것을 선천적으로 원하는 사람이 아니었다. 그는 철학을 연구하고 가르치기를 좋아하는 사람이었다. 그리하여 헌신적인 연구자로서, 동료들의 철학 연구를 위하여 진정한 학문적 기반을 마련하려는 중요한 계획을 세웠다.

당시로서 라틴어와 그리스어를 모두 구사할 수 있는 지식인들은 북아프리카에서 이미 100여 년 전에 사라진 상황이었다. 이와 달리 보에티우스는 두 언어를 모두 능통하게 구사할 수 있었다. 그는 자신이 그리스어로 접한 이 훌륭한 정신적 자산이 지금 라틴어로 번역되지 않는다면, 그리스의 유산이 라틴어를 쓰는 민족에게 더 이상 남지 않을 것이라고 예감했다.

보에티우스는 자기 자신을 '서로마의 교사'로 보았다. 그리하여 플라톤과 아리스토텔레스의 전 저작을 번역함으로써, 그리스의 지혜와 기예들을 가지고 로마인들을 도덕적으로 가르치겠다는 결심을 한다.

> 나는 아리스토텔레스의 모든 작품을 무엇이든지, 내 손에 들어오는 대로, 로마의 문체로 바꾸고, 그 책들에 대한 주해들을 라틴어로 기술하고 싶다. 아리스토텔레스가 논리학의 정교함, 중요한 도덕적 경험, 진리의 자연스러운 예리함으로 썼던 모든 것을 나는 정확하게 그대로 옮기고, 또한 주석의 빛으로 그것을 이해하기 쉽게 만들 것이다. 나는 또한 플라톤의 '대화편' 전부를 번역하고 주석을 붙여 그것들을 라틴어로 집대성하고 싶다. 이 일들이 이루어지면, 나는 아리스토텔레스와 플라톤의 명제들은, 많은 이가 생각하는 것과는 달리, 모든 면에서 서로 상반되는 것이 아니라 조화를 이루고 있고, 철학에서 그들의 견해가 대단히 일치한다는 것을 증명할 것이다. 내게 목숨과 여유가 충분하다면, 나는 이 일에 최선을 다할 것이다.

> —『〈명제론〉 제2차 주해』 제2권, PL 64, col.433-434

보에티우스는 510년 집정관직에 올랐지만, 아리스토텔레스의 논리학 저서들에 대한 주석을 쓰는 일 역시 시작했다. 보에티우스는 고전 그리스 철학의 라틴어 번역이라는 학문적이고 이론적인 활동과 집정관직의 수행이라는 실천적인 활동을 긴밀하게 연결될 수 있는 일로 보았다.

> 비록 집정관의 업무로 인하여 이러한 연구에 모든 여가와 온전한 노력을 기울이는 일이 방해받기는 했지만, 그럼에도 학문적으로 뛰어난 가르침으로 시민들을 가르치는 일 역시 국가를 돌보는 일에 속하는 것처럼 보인다. 다른 도시 시민들의 오래된 덕이 이 국가의 지배권과 패권으로 옮겨왔다면, 내가 그리스의 지혜와 학예들을 가지고 우리나라의 도덕을 가르치는 일 또한 충분히 나의 시민들에게 칭찬받을 만한 일이 될 것이다.
>
> —『〈범주론〉주해』제2권, 서문, PL 64, col.201

보에티우스에게 그리스 철학을 라틴어로 번역하는 일이란 아름답고 찬양할 만한 것을 숭상하는 로마적 관습의 일

환이자, 로마 시민들을 향한 봉사의 일종이었다. 그러한 의미에서 플라톤과 아리스토텔레스의 번역 및 주석 작업은 대단히 정치적인 행위였다.

하지만 안타깝게도 보에티우스가 번역을 통하여 개선하려 했던 현실은 그가 염원했던 '로마적' 이상과 거리가 멀었다. 그는 재판 없이 사형 집행을 기다려야 하는 처지가 되었다.

보에티우스의 웅대한 계획에 비하자면 극히 일부이지만 그가 남겨놓은 아리스토텔레스의 논리학 저서들의 일부, 즉 『범주론(Categoriae)』, 『명제론(Peri Hermeneias)』과 포르피리오스의 범주론 입문 『이사고게(Isagoge)』에 대한 번역서들과 주석서들은 중세 사상가들에게 아리스토텔레스 논리학의 기초를 전해주었다.

이에 덧붙여서 보에티우스는 '7자유학예(artes liberales)'의 개론서도 저술했다. 그가 남긴 책들은 12세기 중반 이후 아리스토텔레스의 작품을 접할 수 있게 될 때까지 거의 유일한 고전철학과의 연결 통로였다. 따라서 아리스토텔레스의 논리학과 형이상학의 근본 개념들을 스콜라철학에 도입한 것도 바로 보에티우스라고 할 수 있다.

03

철학은 운명 앞에
답을 줄 수 있을까?

왜 이 질서가 거꾸로 되었습니까?
실제로는 악인들이 받아야 할 형벌은
착한 사람들이 받고,
덕을 지닌 사람들이 받아야 할 보상은
악인들이 가로채는 일이 벌어지고 있는 것인지가
나에게는 정말로 놀랍게만 여겨집니다.

– 『철학의 위안』 IV, 산문5

보에티우스가 죽기 전 감옥에 갇혀 있을 때 쓴『철학의 위안』은 그의 작품 가운데 가장 뛰어나고 유명한 작품이다. 그는 이 책에서 권력과 행복의 최정상에서 가장 깊은 불행으로 떨어진 한 인간의 상황과 의문을 드러낸다.

도대체 왜 이 세상은 악한 인간은 번성하고 도리어 선한 인간은 고통을 겪는 것처럼 보이는가? 악과 운명의 불확실성에 대한 보에티우스의 성찰에서, 우리는 그가 앞서 다룬 아우구스티누스의 영향을 상당히 많이 받았다는 사실을 발견하게 된다.

보에티우스는 아우구스티누스의 견해를 받아들여 악은 그 자체로서 실체가 아니라 선의 결여이며, 악에 대한 책임은 궁극적으로 피조물의 자유의지에 있다고 보았다.『철학의 위안』에는 이 모든 것에 대한 보에티우스의 설명이 자세하게 이어진다. 그러나 그가 궁극적으로 정말 묻고 있는 것은 "왜 내가 감옥에 갇혀 있는가?" 하는 실존적인 질문이었다.

유배지에서 처형을 기다리며 쓴 이 철학서에서 보에티우스는 지나온 호화찬란한 생애와 현재의 전락한 처지에서 느끼는 심경을 정확하게 묘사하고 있다.

그런데 왜 이 질서가 거꾸로 되었습니까? 실제로는 악인들이 받아야 할 형벌은 착한 사람들이 받고, 덕을 지닌 사람들이 받아야 할 보상은 악인들이 가로채는 일이 벌어지고 있는 것인지가 나에게는 정말로 놀랍게만 여겨집니다. … 신은 착한 사람들에게 편안함을 주고 악인들에게 역경을 주기도 하지만, 이와 반대로 착한 이들에게 역경을 주고 악인들에게는 그들이 원하는 것들을 허락하는 일도 자주 벌어지기 때문에, 그 원인을 정확하게 알지 못한다면, 이것[신이 모든 것을 다스린다는 것]이 맹목적인 우연과 다를 것이 무엇이겠습니까?

―『철학의 위안』 IV, 산문 5

보에티우스는 이 책을 감옥에 갇혀 있는 자신과 여신으로 등장한 철학 간의 대화로 구성한다. 그렇게 철학의 여신이 자신의 스승이 되어 여러 의문에 대답을 주는 형식으로 논의를 전개해 나간다. 이러한 '대화' 형식은 보에티우스의 모델인 플라톤과 키케로에게서 가져온 것이었다.

하지만 보에티우스와 이 두 사람 사이에는 한 가지 두드러진 차이가 있는데, 그것은 보에티우스가 시와 산문을 결합했다는 점이었다. 따라서 이 책은 그의 마음을 나타내는 멋진 시와 같은 주제에 대한 대화가 반복되는 독특한 방식으로 이루어져 있다.

『철학의 위안』 제1권은 이어지는 극적인 대화를 위한 무대 설정의 서론 역할을 충실히 수행한다. 보에티우스는 자신의 의심 속에서 불충분하게 드러난 학예(學藝), 즉 학문과 문예를 관장하는 아홉 여신 뮤즈에서 맨 먼저 위안을 찾았다. 그 이후에 철학이 고귀한 여신의 모습으로 보에티우스에게 나타나 그의 질문들에 논리적이고 설득력 있는 설명을 하면서 그를 위로한다.

철학의 여신은 자기가 좋은 의사로서 보에티우스의 병을 처음에는 '순하고 약한 진정제'를 나중에는 '깊이 스며들 완전한 치료약'을 사용해서 치료해 나가겠다고 말한다.

즉 철학의 여신은 처음에는 보에티우스가 과거에 누렸던 행복과 현재 누리고 있는 위안을 보여준 후에, 나중에는 '일자' 또는 '선'의 형이상학적 세계로 보에티우스를 인도하고자 한다. 이를 통하여 대다수의 사람이 추구하는 거짓 선들을 버리고 참된 행복에 도달할 수 있도록 한 것이다.

선에 대한 추구가 좌절되는 죽음 앞에서, 과연 정의로운 삶은 최후의 보상을 받을 것인가라는 의문이『철학의 위안』
전체를 끌고 간다. 이 물음은 정의로운 삶과 좋은 삶, 행복
한 삶의 연결을 의심하지 않았던 고전적 세계관에 대한 강
력한 도전인 셈이다.

특이한 것은 보에티우스가 죽음 앞에서도 그가 믿고 있
었던 그리스도교에서 위안을 찾지 않고, 궁극적으로 '철학'
에서 위안을 찾는 모습으로 나아간다는 점이다.

『철학의 위안』에서는 인간의 행복과 운명, 신의 섭리와
우연, 신의 예지(豫知)와 필연성과 자유 등 인생의 궁극적
문제가 제기되는데, 보에티우스는 이를 철학적으로 논증
하며 자신과 인간의 파국을 극복한다. 이러한 극복은 어떻
게 이루어질 수 있었을까?

04

비록 행운을 잃을지라도
행복은 가능하다

너는 이전 행운에 대한 애착과 갈망으로
지금 기진맥진하여 있다. …
만일 네가 행복의 본성과 그 특성,
그 가치를 기억한다면, 네가 그것 안에서
아무런 아름다운 것도 가지지 않았음과
또 그 행복이 떠나갔을 때
아무것도 잃어버리지 않았음을 알 것이다.

– 『철학의 위안』 II, 산문1

『철학의 위안』에서 철학의 여신은 우선 보에티우스가 과거의 운명에 대한 미련과 갈망 때문에 스스로를 소진하고 있다고 질책한다. 그녀는 자신이 여러 가지로 변모하는 행복의 요사스러움을 알고 있다고 밝힌다.

따라서 설령 행운이 일시적으로 머물더라도 죽음이 오면 모든 것이 사라지므로 그것에 만족해서는 안 된다고 가르친다. 우연히도 행운이 변함없이 머무를 기색을 보여도 이승, 즉 차생(此生)의 끝인 죽음은 그 지속된 행복의 종말도 되기 때문이다(『철학의 위안』I, 산문3).

죽음이라는 극단적 상실을 주목하도록 이끌었던 철학의 여신은 이후 허망한 행운을 잃어버리더라도 큰 행복으로 충만할 수 있다는 가능성을 열어 보인다.

> 만약 행운이라는 공허한 명칭이 너를 동요시킨다면 너는 아직도 얼마나 많고 또 얼마나 큰 행복으로 충만되어 있는지를 나와 더불어 한번 검토해 보는 것이 좋다. 더욱이 네 모든 행복 중에 실상은 가장 귀한 것이 소멸되지 않고 신의 손에 의하여 아직 그대로 너에게 보존되어 있다면 너는 무엇보다도 존귀한 것을 가지

고 있는 것이니 네가 어찌 불행하다고 가히 불평할 수
있겠느냐?

— 『철학의 위안』 I, 산문4

『철학의 위안』 제2권에서 철학의 여신은 끊임없는 변화
는 자연 세계의 법칙이기 때문에, 자신이 인간사를 다룰 때
그 법칙을 따르는 것은 너무나 당연한 일이라고 말한다. 이
어서 사람이 죽으면 홀로 남게 되는 정신에게는 물질적인
것이 필요하지 않다는 사실도 인간에게 위안이 된다고 말
한다. 그러면서 사람들 대부분이 자신들에게 행복을 가져
다줄 것이라고 믿는 피상적인 행복을 단죄한다.

너는 이전 행운에 대한 애착과 갈망으로 지금 기진맥진
하여 있다. … 그런데 나는 여러 가지로 변모하는 행복
의 요사스러움을 알고 있다. … 만일 네가 행복의 본성
과 그 특성, 그 가치를 기억한다면, 네가 그것 안에서 아
무런 아름다운 것도 가지지 않았음과 또 그 행복이 떠
나갔을 때 아무것도 잃어버리지 않았음을 알 것이다.

— 『철학의 위안』 II, 산문1

제3권의 주제는 키케로가 『투스쿨룸 대화(Tusculanae Disputationes)』에서 다룬 주제와 동일한 것으로서, 참된 행복이 무엇이고 어디에서 발견할 수 있느냐에 대한 것이다. 여기서 철학의 여신은 "참된 행복이란 모든 좋은 것의 총화로써 이루어진 하나의 완전한 상태를 말하는 것(『철학의 위안』 III, 산문2)"이라는 고전적인 정의를 제시한다.

그러고 나서 재물이나 지위, 권세, 명예, 쾌락 등 인간에게 행복을 주는 것으로 보이는 후보들을 나열한 후, 이들은 그 자체로 사람들을 행복하게 만들지도 못한다고 충고한다.

> 재물이나 지위, 권세, 명예, 쾌락 등은 그것들이 약속하는 바의 좋은 것을 줄 수 없으며 모든 좋은 것을 모아놓는다 해도 완전하지 못한 이러한 것들은, 행복으로 이끄는 길도 아니며 더구나 그 자체로 사람들을 행복하게 만들지도 못한다.
>
> ─『철학의 위안』 III, 산문8

따라서 행복은 겉으로 나타나는 재물이나 지위, 권세, 명예, 쾌락에 있지 않고 영원한 선에 있다. 행복을 향하여 인

간이 노력하는 까닭은 더 이상 아무것도 바라지 않는 선,
곧 완전함을 갈망하기 때문이다.

그러나 모든 세속적 선은 선의 유한성 때문에 근본적으
로 불완전하다. 재물이나 지위, 권세, 명예, 쾌락은 그 자체
로 고통을 불러일으키며 쉽게 잃을 수 있지만, 진리를 찾는
인간은 완벽한 초인간적인 영광의 상황으로 자신을 이끌
수 있다.

이러한 성찰은 참된 행복이 최고선이신 신에게 있다는
사실로 연결된다. 완전한 선은 신뿐이고, 다른 모든 불완전
한 선이 여기에 참여한다. 따라서 행복을 찾으려는 노력은
신을 찾는 노력이며, 신만이 참된 행복을 결정할 수 있다.

> 우리가 참된 선은 참된 행복이라는 것을 이미 인정했
> 으므로 참된 행복이 최고선이신 신에게 있다는 것은
> 필연적 결론이 된다.
>
> ─『철학의 위안』III, 산문10

이렇게 제3권은 인간의 참된 행복에 대한 질문을 던지
고 나서 이를 선의 총체이자 우주의 규칙을 제시한 신과의

합일로 설명한다. 철학의 여신은 이러한 논리적 귀결을 전제로 다음의 제4권에서 보에티우스의 근본 질문에 답변하는데, 이를 위하여 필요한 개념, 곧 운명, 행복, 불행, 선과 악, 자유를 설명한다.

철학의 여신이 제시한 논리적인 답변은 악은 결코 존재하지 않으며, 행복과 불행에 관한 인간의 평가는 신의 시각에서 볼 때는 불충분하다는 것이었다. 악은 참된 선, 곧 신에게 참여하지 못하기 때문에 겉보기와 달리 악은 늘 진리 안에서 불행하다.

05

인간의 운명에서
신의 섭리로

섭리는 어떤 이들에게
어려운 시련을 겪게 하니
이것은 그들 영혼의 덕을
인내와 습관과 단련으로써
견고하게 만들기 위해서이다.

– 『철학의 위안』 IV, 산문6

보에티우스는 인간의 행복에 대하여 다룬 다음, 자신에게 가장 절실한 질문을 던진다. 정의로운 신이 있다고 하는데도, 악이라는 것이 있고, 이 악이 벌을 받지 않은 채 있을 수 있고, 비열한 자들이 판을 치고, 덕이 있는 자가 보답을 받지 못할 뿐만 아니라, 오히려 무법자들의 다스림을 받는 일도 있는데 이러한 일은 어째서 일어나는가?

이 질문은 인류를 늘 괴롭혀 왔던 '신정론(神正論)'의 문제, 인간 사회는 과연 정의로 다스려지고 있는 것인가 하는 문제에 관한 것이다.

철학의 여신은 모든 사람들은 본성적으로 선을 추구하고, 선인들은 선에 도달함으로써 신적 존재가 된다고 답한다. 반면 악인들은 자신들의 욕망을 충족시키고자 함으로써 인간 이하의 존재로 전락하는 벌을 받는다면서 이들을 논증한다.

그들의 존재가 비참하고 참담하다는 사실은 그들에게 악을 행할 수 있는 능력이 있다는 사실, 바로 거기에 있다. 왜냐하면 악을 행한다는 것은 선을 추구하게 되어 있는 본성을 부정함으로써 스스로 인간이기를 포기한 것이기 때문이다.

여기서 보에티우스는, 이 세계가 대체로 비이성적으로 돌아가고 있는 것처럼 보이고 많은 일이 우연에 의하여 결정되는 것처럼 보이는 것은 신의 지혜로운 통치와 맞지 않는다고 이의를 제기한다.

철학의 여신은 이 문제를 해결하기 위해서, 우선 고대 그리스 전통에서부터 중요한 요소로 작용했던 운명과 그리스도교의 전파 이후에 더욱 중요해진 신의 섭리를 구분하여 설명한다.

만물의 생성과 변화하는 자연 사물의 모든 과정, 어떤 방식으로든 움직이는 모든 것은, 그 원인, 질서, 형상을 신적 정신의 항구성에서 배정받는다. 이 신적 정신은 자신의 단순성에 기초하여 사물들을 다스리기 위해서 여러 가지 양식을 제정했다. 이 양식은 신적 지성의 순수성 자체 안에서 고찰될 때 섭리(providentia)라고 불린다. 반면에 이 양식을 신적 지성이 움직이고 규정하는 사물들과 관련해서 고찰할 때, 옛사람들은 그것을 운명(fatum)이라고 불렀다.

─『철학의 위안』IV, 산문6

모든 사건에 대한 우주의 규칙은 신학적 관점에서 고려할 때 섭리라는 단어를 사용할 수 있으며, 사건의 외부에 존재하고 전지전능하며 초시간적인 특성을 지닌다.

반면 운명은 시간 속에 살아가는 피조물에 관한 것으로, 인간은 이성이라는 지식에 도달할 수 있는 도구는 가졌으나 신과 같이 완벽한 관점을 소유할 수는 없다. 신의 섭리는 어떤 것에 의해서도 흔들리지 않는 엄연한 사실이다.

모든 것이 혼잡한 것처럼 보일지라도 사실상 모든 것은 자연 전체를 지배하고 있는 인과의 계열 안에서 선을 지향하는 것이며 그렇게 배치되어 있는 것이다. 그래서 사악한 사람일지라도 어떤 것을 순전히 악 때문에 하는 일은 결코 없고, 선을 찾지만 오류로 인하여 정도에서 이탈하고 마는 것이다(『철학의 위안』 IV, 산문6).

철학의 여신은 선한 이들이 당하는 고통에 단순히 벌의 의미만이 아니라, 악을 막아주는 기능과 교육 및 훈련의 의미가 담겨 있다고 강조한다.

섭리가 어떤 이에게는 그 영혼의 성질에 따라 고락을 혼합한 어떤 것을 주기도 한다. 즉 섭리가 그들을 괴롭게 하는 것은 그들이 오랜 행복에 도취되어 사치하고 방탕해지지 못하게 하기 위해서이다. 또 섭리는 어떤 이들에게 어려운 시련을 겪게 하니 이것은 그들 영혼의 덕을 인내와 습관과 단련으로써 견고하게 만들기 위해서이다.

—『철학의 위안』IV, 산문6

철학의 여신에 따르면, 전지전능한 신은 자신의 섭리가 이루어지는 세계에서 어떤 것도 우연히 이루어지도록 놓아두는 일이 없다. "악한 것들을 적절하게 사용함으로써 선의 결과물을 만들어낼 때, 악한 것들도 선한 것이 되는 것은 오직 신의 힘 안에서만 가능하다(『철학의 위안』IV, 산문6)." 우리가 의심을 품게 되는 것은 우리 자신이 사물의 연관을 꿰뚫어 볼 능력을 갖추지 못했기 때문이라는 것이다.

보에티우스는 아무 문제가 없다는 듯 고전철학의 운명 개념을 그리스도교의 섭리 개념과 연결하지만, 이 둘 사이의 차이는 주목할 만하다. 운명은 주어진 것이지만 왜 나에게 주어졌는지 그 이유를 근본적으로 알 수 없고, 따라서 불행한 운명이라면 어쩔 수 없이 받아들이기는 하지만 감사할 수는 없는 것이었다.

하지만 그리스도교적 섭리 이해는 불운에 대해서조차 무의미를 인정할 수 없으며, 그것을 이해할 수는 없지만 궁극적으로는 그것조차 의미가 있다는 것을 주장한다. 그리고 이러한 의미를 인정하는 한 이 또한 감사와 기도의 대상이 된다.

신의 존재로
운명의 고통을 극복하다

신은 모든 것을
자신의 영원한 현재 안에 인식하는 것이다. …
신의 직관은, …
스스로 변함없이 머무르면서
네 변화를 선행하여 한 번에 파악함으로써
그 모든 것을 포괄하는 것이다.

– 『철학의 위안』 V, 산문6

『철학의 위안』의 마지막 제5권에서는 '모든 것에 질서를 부여하는 신의 섭리를 인정한다면 과연 인간에게 자유가 있을 수 있는가' 하는 중요한 문제를 논의한다.

보에티우스는 먼저 우연의 역할에 대한 가르침을 청한다. 철학의 여신은 아리스토텔레스의 견해에 의거해서, 섭리에 의하여 만들어지고 운명에 의하여 구체적으로 실현되는 예기치 않은 원인들의 결합이 우연이라고 정의한다.

자유의지의 작용과 관련해서 철학의 여신은, 하늘에 속한 피조물들은 제한을 받지 않지만, 우리의 영혼은 땅의 것들에 묶여서 제한을 받아 그 자유가 방해받는다고 말한다. 그 후 자유의지는 신의 예지와 양립할 수 없다는 보에티우스의 주장을 반박한다.

철학의 여신은 우선 이성이 없는 세계와 이성이 있는 세계를 구별함으로써 자유를 인정할 기반을 마련한다. 이성이 없는 세계에서는 형상에 의한 일방적인 인과 결정에 따라 모든 것이 필연적으로 생긴다. 반대로 정신과 이성의 세계, 즉 인간의 세계에서는 영원한 형상들이 인간이 따라야만 하나 거부할 수도 있는 이상과 같은 것으로서만 작용하고 있다.

그렇지만 이 두 세계의 구분만으로는 인간의 자유를 확립하기에 충분하지 못하다. 신의 예지를 철저하게 인정하면, 인간의 자유의지는 더 이상 존재하지 않는 것처럼 보이는 어려움이 나타나기 때문이다.

그런데 철학의 여신은 신의 예지가 어떤 것도 "미리 알고 있는 것(『철학의 위안』 V, 산문6)"은 아니라는 점에 주목하도록 한다. 이를 위하여 그녀는 인간의 시간과 신의 영원성을 대비시킨다.

우리들에게는 시간이 과거, 현재, 미래라고 하는 선후 관계로 뻗어 있다. 이와 반대로 신은 존재 전체를 유일하고 시간이 없으며 동시적인 '지금'에 모두 소유하고 있다. 그러므로 신의 인식은 미래에 있는 것에 대한 예지가 아니라 신에게 영원히 현재에 있는 것, 즉 결코 사라지지 않는 순간에 대한 인식이다.

> 도대체 신의 현재와 인간의 현재를 적절하게 비교할 수 있다면 너희들이 어떤 것들을 시간적 현재 안에서 보듯이 신은 모든 것을 자신의 영원한 현재 안에 인식하는 것이다. 그러므로 이러한 신의 예지는 사물의 본

성이나 고유성을 변화시키는 것이 아니라 미래 안에 이루어질 것들을 그러한 것들로서 자기의 현재 안에 바라보는 것이다. … 신의 직관은, 네가 생각하는 것처럼 어떤 때는 이것을 어떤 때는 저것을 예지하는 것이 아니라, 스스로 변함없이 머무르면서 네 변화를 선행하여 한 번에 파악함으로써 그 모든 것을 포괄하는 것이다.

－『철학의 위안』 V, 산문6

현재 사건에 대한 인식은 그 사건에 필연성을 부과하지 않는다. 따라서 인간의 자유로운 행위는 인간의 관점에서는 미래이지만 신의 관점에서는 현재이다. 그러므로 신의 인식은 그 행위를 이미 결정된 필연으로 만듦으로써 자유를 빼앗지 않는다.

"언제나 현재에 있는(『철학의 위안』 V, 산문6)" 신의 직관이 지니는 그 영원성은 "미래에 있는 행위의 성질과 일치하고 있다(『철학의 위안』 V, 산문6)." 철학의 여신이 제시한 설명에서도 나타나듯이, 보에티우스는 신이 모든 것을 미리 다 정해놓았다는 예정설을 결국에 가서는 포기하게 된다.

보에티우스는 이렇게 복잡한 논변을 통하여 신의 섭리를 받아들이면서도 인간의 자유를 인정할 수 있는 길을 열어놓았다. 결국 그는 참된 행복을 찾는 인간의 노력은 악덕에 대한 투쟁, 덕에 대한 장려, 우리의 행위를 심판하는 신을 끊임없이 찾는 데에 있다고 결론 내린다.

> 예지하는 신은 모든 것을 위에서 내려다보는 관찰자로 머무르며, 항상 현재하는 그 시선의 영원성은 착한 이들에게는 상을, 악한 이들에게는 벌을 주면서 우리 행위의 미래의 성질과 일치하게 된다. … 그러므로 너희는 악덕에 항거하고 덕을 쌓아라. 올바른 희망으로 영혼을 들어 올리라. 저 높은 곳으로 겸손된 기도를 드려라. … 너희가 모든 것을 꿰뚫어 보는 재판관의 눈앞에서 행동해야 하기 때문에 … 너희에게는 올바르게 살아야 할 커다란 필연성이 부과되어 있는 것이다.
>
> ―『철학의 위안』V, 산문6

결국 『철학의 위안』 마지막에서는 기도의 목표가 시공간 안에서의 운명의 변화가 아닌 시공간을 넘어선 것과의

240

연결과 이해에 있는 것처럼 보인다. 운명이 이미 결정되어 돌이킬 수 없는 것이라면, 기도는 그러한 현실에서 일어난 일의 최종적인 의미를 지성적으로 파악하고 받아들이는 것과 관련된다.

이렇게 보에티우스는 운명을 넘어서는 길이란 운명의 마지막 실타래를 섭리적 연관하에서 지적으로 이해하는 것이라고 보았다.

신학적 관심에서 탄생한 '인격'의 정의

'인격'이란 이성적 본성을 지닌 개별적 실체이다.

– 『그리스도의 두 본성론』 제3장

『철학의 위안』을 제외한다면, 중세를 거쳐 현대에 이르기까지 보에티우스는 바로 그가 제시한 '인격(persona)'에 대한 정의, 즉 "인격이란 이성적 본성을 지닌 개별적 실체이다 (Persona est naturae rationabilis individua substantia)"라는 구절로 주목받는다.

인간에게 고유한 존엄성의 기반을 찾기 위하여 '인격' 개념을 탐구하다 보면, 보에티우스의 유명한 정의에 도달하기 마련이다. 이 정의는 자주 인구(人口)에 회자(膾炙)되지만, 그것이 그의 신학적인 관심 때문에 탄생하게 되었다는 사실은 잘 알려져 있지 않다.

이 정의는 보에티우스의 『그리스도의 두 본성론: 에우티케스와 네스토리우스를 거슬러(Liber de Persona et Duabus Naturis Contra Eutychen et Nestorium)』에서 발견된다. 그의 다섯 개 신학 소품들 중의 하나로, 그가 본래 정치가인 동시에 철학자이면서도 그리스도교 신학에 대하여 큰 관심을 가지고 있었다는 것을 유감없이 보여준다.

다섯 개의 소품들 중에서 가장 먼저 저술된 이 책자는 451년 칼케돈 공의회의 결정과 밀접한 관계가 있다. 여기서는 그리스도의 두 본성과 본성이 실제로 존재하도록 만드는 근거인 개별적 존재로서의 '위격'의 관계를 규정했다.

325년 니케아 공의회와 381년 콘스탄티노플 공의회를 거치면서 성부, 성자, 성령이 유일한 참신이시며 동등한 고귀함을 지닌다는 삼위일체론은 상당 부분 명확해졌다. 그러나 5세기에 들어서면서 또 다른 중요한 신학적 문제인 그리스도의 본성과 위격의 관계에 대한 토론 과정에서 많은 이단이 발생했던 것이다.

콘스탄티노플의 수도원장이던 에우티케스(Eutyches)는 그리스도에게 육화 이전에는 신성(神性)과 인성(人性), 두 가지 본성이 있었으나 육화 후에는 신성과 인성의 구별이 없어짐으로써 신과 인간의 본성이 하나가 되었다는 그리스도 단성론(單性論)을 주장했다.

이에 반대하여 콘스탄티노플의 총대주교였던 네스토리우스(Nestorius)는 그리스도는 아무런 제한 없이 신성과 인성, 두 본성을 모두 가지고 있으며, 마리아에게서 태어난 인간 그리스도 안에는 두 개의 다른 본성과 인격이 존재한다고 주장했다.

보에티우스는 그리스도에 관한 에우티케스와 네스토리우스의 상반된 이단을 해결하기 위하여, '본성'이 의미하는 것이 무엇이고 '위격', 즉 인격이 무엇이며 이 둘 사이의 관계는 어떻게 되는가를 명확하게 하려고 노력했다.

보에티우스에 따르면 그리스도는 네스토리우스의 주장처럼 두 개의 다른 본성을 지니고 있지만, 각각의 신격과 인격이 아닌 단 하나의 '성자'로서의 위격을 지니고 있다. 이러한 주장을 설명하는 과정에서 탄생한 것이 저 유명한 정의이다.

> 만일 '인격'이 오직 실체에서만 발견되고, 더욱이 오직 이성적인 실체에서만 발견된다면, 그 밖에도 모든 실체가 하나의 본성이라면, 마침내 '인격'은 보편개념 안에서가 아니라 오직 개별적인 것들에만 포함된다면, '인격'의 정의는 발견되었다. '인격'이란 이성적 본성을 지닌 개별적 실체이다.
>
> — 『그리스도의 두 본성론』 제3장

보에티우스의 개념 정리와 논증을 본 신학자들은 감탄을 금할 수 없었다. 물론 보에티우스의 '인격'에 대한 정의가 나오기 이전에 테르툴리아누스(Tertullianus), 카파도키아

(Cappadocia)의 세 교부들, 아우구스티누스 등이 이미 '페르소나' 개념을 풍부히 사용했다.

그들은 고대 그리스-로마 문화에서 가면, 극 및 사회에서의 역할 등의 의미로 사용했던 '프로소폰(prosopon)'이나 '페르소나' 개념을 받아들임으로써, 그리스도론과 삼위일체론의 논증을 훨씬 더 풍부하게 발전시켜 나갔던 것이다.

그렇지만 보에티우스의 정의는 개념을 명확하게 규명했을 뿐만 아니라 다른 개념들과의 뚜렷한 구분을 이루었다. 이를 통해서 그 이전에 이루어졌던 논의를 적어도 완전히 한 단계 끌어올린 것이다.

보에티우스는 『철학의 위안』에서 '인격' 개념을 직접 사용하고 있지는 않다. 하지만 '인간은 인격으로 모든 것을 투시하는 재판관인 앞에 서 있다'라는 내용을 웅변적으로 외친 셈이다. 그의 정의는 후에 신학적인 맥락을 넘어서 '신의 모상'인 인간에게 적용되며 '인격'에 대한 정의로 받아들여졌다.

보에티우스가 제시한 '인격'에 대한 형이상학적 통찰은 신의 모상인 인간이 다른 피조물들과 달리 쉽게 대체될 수 없는 고유성과 대체 불가능성을 지니고 있다는 사실을 암시한다. 이로써 그 독특한 신비를 더 잘 평가하는 것이 가능해졌다.

향후 인간의 존엄성에 대한 논의에서 보에티우스의 이 정의는 계속해서 새롭게 해석되는 출발점이 되었다. 실제로 그가 제시한, 인격, 실체, 본성 등의 주제들에 대한 관심은 그 이후의 스콜라학자들에게도 지속적으로 이어져 나갔고, 근대 이후의 인격 개념의 형성에도 지대한 영향을 미친다.

고독 속에서 탄생한
최초의 스콜라철학자

신의 실체는

아무런 질료도 없는 단순한 형상이다.

따라서 하나인 것이요.

있는 바의 것이다.

다른 모든 것들은 있는 바의 것이 아니다.

– 『삼위일체론』 제2장

선한 사람의 고통에 대한 『철학의 위안』의 해결책이 현대인 모두를 만족시킬 수는 없을 것이다. 이미 무신론적 실존철학자들은 무죄한 이들의 학살을 허용하는 신을 철저히 거부했고, 이것이 큰 공감을 불러일으켰기 때문이다.

그렇지만 보에티우스는 '역겨운 종교인들'처럼 고통받는 이들에게 편안한 마음으로 훈계한 것이 아니었다. 그는 당장 눈앞에 다가온 죽음 앞에 철저한 고독을 느끼며, 자신이 겪는 불행에 대하여 '적어도 이해 가능한 설명'을 찾고 있었다.

이를 위하여 보에티우스는 아무도 없는 고독 속에서 철학의 여신이라는 또 다른 자신과 대화했다. 친구들에 둘러싸여 있던 소크라테스는 보에티우스에 비하면 '행복한' 죽음을 맞은 셈이었다.

보에티우스는 본래 세 단계로 이루어진 원대하고 야심찬 기획을 가지고 있었다. 고대 인문정신의 총체인 '자유학예'에 대한 철저한 탐구, 플라톤과 아리스토텔레스 철학서의 라틴어 번역, 마지막으로 이 두 철학자의 사상과 그리스도교 사상의 조화. 그러나 안타깝게도 이 거대한 계획은 갑작스러운 죽음과 함께 미완으로 끝나고 말았다.

그렇지만 보에티우스는 마지막 작품 『철학의 위안』을 통하여 자신의 전문 분야였던 철학의 입장에서 고통을 극복하는 방향을 제시할 수 있었다. 이 세상의 모든 존재자는 자기 스스로 존재를 지닌 것이 아니라, 존재 그 자체인 신의 섭리에 따라 존재를 지닐 뿐이다. 이러한 형이상학적 원리를 이해할 때, 인간의 고통을 새롭게 바라볼 수 있는 통찰이 제시될 수 있다.

> 신은 항상 자체요, 참으로 형상 자체이며(ipsa vere forma), 모상(imago)이 아니다. 그리고 이 형상이 존재 자체이다. 존재자는 이 존재로부터 유래된다. 왜냐하면 모든 존재는 형상으로부터 나오기 때문이다. 하나의 조각은 형상에 의해서 있는 그대로의 것이 된다. … 따라서 아무것도 질료에 의하여 존재자라고 불리는 것은 없고, 자신에게 고유한 형상에 따라 존재자라고 불리는 것이다. 그런데 신의 실체는 아무런 질료도 없는 단순한 형상이다. 따라서 하나인 것이요. 있는 바의 것이다. 다른 모든 것들은 있는 바의 것이 아니다.
>
> ─『삼위일체론』제2장

보에티우스의 신 개념은 그리스도교의 신관과 매우 잘 부합한다. 그의 신의 섭리와 자유의지 등과 관련된 많은 사상은 전적으로 철학에서만 온 것이 아니라 그리스도교에서 영감을 받은 것이 분명하다.

그러나 보에티우스는 그리스도교의 종말론적 희망에서 영감은 받았더라도, 답변만은 온전히 철학적으로 제시했다. 이는 악인들의 성공 앞에서 좌절하기 쉬운 선한 사람들에게 신앙에 의존하지 않고 희망을 찾는 길을 열어주었다는 점에서 큰 의미를 지닌다.

보에티우스를 처형함으로써 그에게서 승리한 것처럼 보였던 동고트족의 귀족들은 오늘날 어느 누구에게도 영광스럽게 기억되지 않는다. 오히려 그들의 악행이라는 어둠을 배경으로 쓰인 『철학의 위안』이 인류의 빛나는 고전으로 영원히 기억되고 있다.

더 나아가 보에티우스는 비록 독창적이고 독자적인 철학자로서 두드러지지는 않았을지라도, 아리스토텔레스에 관한 지식의 대부분과 수학, 음악 등을 전해준 전달자로서 중요한 의미를 지니고 있다. 또한 보에티우스는 라틴 세계에서 전개되어 오늘의 서구 철학에까지 중대한 영향을 미치는, 라틴어로 된 많은 학술 용어들도 마련해 놓았다.

더욱이 보에티우스는 위대한 철인들의 저작들을 번역함으로써 정확한 논증을 추구하는 학문적 방법을 시작했고, 여러 주해서들을 통하여 중세에 성행한 주해들의 모범을 제공했다. 또한 철학 용어와 범주를 신학에 사용함으로써 신학과 철학 양자의 발전에 모두 기여했다.

보에티우스의 사상에 나타나는 신의 섭리와 자유의지, 인격에 대한 정의 등의 문제는 철학을 매우 풍부하게 해주었다. 그리스도교의 신앙을 설명하기 위하여 철학의 전문 용어와 방법론을 이용하려던 그의 기획은 약 400년 후 스콜라철학이 태동될 때 중요한 모범이 되었다. 앞서 살펴본 인격 개념뿐만 아니라 신과 '존재 자체'를 연결하는 시도와 같은 것은 중세 전성기에 토마스 아퀴나스에 의하여 '존재의 형이상학'으로까지 발전했다.

보에티우스 이후 스콜라철학이 시작되기까지 문화적 침체기에 대부분의 학자는 주로 이전의 학문적 발전을 다음 세대에 전수하는 것으로 만족해야 했다. 그렇기 때문에 많은 이가 그를 '최후의 로마인이면서 최초의 스콜라철학자'라고 부르는 것이다.

보에티우스를 비롯하여 사도 바울로, 플로티노스, 오리게네스, 아우구스티누스의 주장들은 찬반을 떠나, 인간의 본성이나 '신', 심지어 역사와 철학에 대하여 서구 사람들이 생각하는 데에 영향을 주었다.

더욱 놀라운 것은 이 대표적인 중세 사상가들이 현대사회에서도 적용할 만한 값진 원리들과 원칙들을 대단히 풍성하게 제공하고 있다는 사실이다. 사도 바울로의 보편적 구원관, 플로티노스의 존재의 질서체계, 오리게네스의 비판적 성경 연구, 아우구스티누스의 '사랑의 윤리', 보에티우스의 인격관 등은 현대에도 여전히 중요한 지침 역할을 한다.

더욱이 이들은 단순히 이론적 탐구에만 몰두했던 것이 아니라, 혼란했던 시대에 자신의 소명을 다하려는 정직한 지성인이었다. 한 시대가 가고 또 하나의 다른 시대가 오는 전환기에 큰 혼돈을 겪으면서도 좌절하거나 체념하지 않았다. 한 시대의 재난이나 변화의 매몰되지 않고, 그것을 응시하고 파악하며 새로운 방향을 제시하고자 했다.

개인적으로는 진솔한 삶을 살았고, 시대의 지성인으로서는 끊임없이 지혜를 추구했던 이 사상가들이야말로 '역사의 시그니처'가 될 수 있는 훌륭한 멘토가 아닐까?

참고문헌

PART 1 그리스도교를 세계종교로 성장시키다_사도 바울로

그닐카, 요아힘, 『바울로』, 이종한 옮김, 분도출판사, 2008.

그륀, 안셀름, 『사도 바울로와 그리스도 체험』, 이종한 옮김, 분도출판사, 2010.

김근수, 『바울 전기』, 꽃자리, 2022.

던, 제임스, 『바울신학』, 박문재 옮김, 크리스천다이제스트, 2003.

라이트, 톰, 『바울 평전』, 박규태 옮김, 비아토르, 2020.

매로우, 스탠리 B., 『바오로 서간과 신학: 바오로 서간 입문』, 안소근 옮김, 바오로딸, 2005.

메이트라, 프랭크, 『하느님의 구원 은총: 바오로 신학』, 한충식 옮김, 바오로딸, 2016.

민남현, 『성 바오로 사도의 신학과 영성』, 바오로딸, 2019.

박태식, 『타르수스의 바오로: 바오로의 생애와 사상』, 바오로딸, 2006.

버드, 마이클 F., 『혁신적 신학자 바울』, 김수진 옮김, 새물결플러스, 2019.

보른캄, 귄터, 『바울』, 허혁 옮김, 이화여자대학교출판부, 2006.

보스, 게하더스, 『바울의 종말론』, 박규태 옮김, 좋은씨앗, 2015.

브루스, F. F., 『바울신학』, 기독교문서선교회, 2004.

위더링, 로널드 D., 『바오로에 대한 101가지 질문과 응답』, 임숙희 옮김, 바오로딸, 2008.

이영헌, 『바오로 신학의 기본사상』, 바오로딸, 2011.

차정식, 『바울 신학 탐구』, 대한기독교서회, 2005.

큉, 한스, 『그리스도교: 본질과 역사』, 이종한 옮김, 분도출판사, 2002, 164-166쪽.

크링스, 짐, 『바오로의 편지들』, 이건 옮김, 가톨릭출판사, 2004.

파브리스, 리날도, 『바오로의 열정과 복음 선포: 바오로를 읽기 위하여』, 박요한 옮김, 성바오로, 2000.

펜나, 로마노, 『다르소의 바오로: 그리스도교를 위한 또 하나의 가능성』, 성염 옮김, 성바오로, 1997.

포터, 스탠리 E., 『바울 서신 연구: 사도 바울의 생애와 사상』, 임재승·조명훈 옮김, 새물결플러스, 2019.

Badiou, Alain, *Paulus: Die Begründung des Universalismus*, München, Sequenzia, 2002.

Becker, Jürgen, *Paulus: Der Apostel der Völker*, Tübingen, Mohr, 1989.

Beker, John C., *The Triumph of God: The Essence of Paul's Thought*, Philadelphia, Fortress, 1990.

Berger, Klaus, *Paulus*, München, Beck, 2008.

Bruce, Frederick. F., *Paul: Apostle of the Heart Set Free*, Grand Rapids, Eerdmans, 2000.

Capes, D. B.; Reeves, R.; Richards, E. R., *Rediscovering Paul: An Introduction to His World, Letters and Theology*, Westmont, InterVarsity Pr., 2011.

Dorn, Klaus, *Paulus: Geschichte-Überlieferung-Glaube*, Paderborn, Schöningh, 2019.

Dunn, James D. G., *The Theology of Paul the Apostle*, Grand Rapids, Eerdmans, 1998.

Dunn, James D. G. (ed.), *The Cambridge Companion to St. Paul*, Cambridge, Cambridge Univ. Pr., 2003.

Eichholz, Georg, *Die Theologie des Paulus im Umriss*, Neukirchen-Vluyn, Neukirchener Verlag, 1991.

Fenske, Wolfgang, *Paulus lesen und verstehen: Ein Leitfaden zur Biographie und Theologie des Apostels*, Stuttgart, Kohlhammer Verlag, 2003.

Fried, Johannes, *Jesus oder Paulus: Der Ursprung des Christentums im Konflikt*, München, Beck, 2021.

Horrell, David G., *An Introduction to the Study of Paul*, London, T&T Clark, [2]2006.

Imhof, Paul; Bertel, Martin, *Paulus auf Reisen: Abenteuerliche Entdeckungen auf den Spuren des Apostels*, Augsburg, Pattloch Verlag, 1995.

Lehmann, Karl; Lohse, Eduard, *Paulus, Lehrer der Kirche*, Mainz, Bistum Mainz, 2009.

Lohse, Eduard, *Paulus: Eine Biographie*, München, Beck, 2003.

McRay, John, *Paul: His Life and Teaching*, Grand Rapids, Baker Academic, 2007.

Meijer, Fik, *Paulus: Der letzte Apostel*, Darmstadt, Wissenschaftliche Buchgesellschaft, 2015.

Murphy-O'Connor, Jerome, *Paul: A Critical Life*, Oxford, Oxford Univ. Pr., 1996.

Prinz, Alois, *Der erste Christ: Die Lebensgeschichte des Apostels Paulus*, Weinheim, Beltz&Gelberg, 2007.

Reece, Steve, *Paul's Large Letters: Pauline Subscriptions in the Light of Ancient Epistolary Conventions*, London, T&T Clark, 2016.

Sanders, Ed P, *Paul, the Law, and the Jewish People*, Philadelphia, Fortress Pr., 1983.

Schmithals, Walter, *Die theologische Anthropologie des Paulus*, Stuttgart, Kohlhammer, 1980.

Schnelle, Udo, *Paulus: Leben und Denken*, Berlin, De Gruyter, 2003.

Segal, Alan F., *Paul, the Convert: The Apostolate and Apostasy of Saul the Pharisee*, New Haven/London, Yale Univ. Pr., 1990.

Suhl, Alfred, *Paulus und seine Briefe: Ein Beiträge zur paulinischen Chronologie*, Stuttgart, Katholisches Bibelwerk, 2005.

Wischmeyer, Oda (ed.), *Paulus: Leben-Umwelt-Werk-Briefe*, Tübingen/Basel, Francke, 2006.

Wolter, Michael, *Paulus: Ein Grundriss seiner Theologie*, Göttingen, Vandenhoeck&Ruprecht, [3]2021.

Wright, Nicholas T., *What Saint Paul Really Said*, Cambridge, Lion Books, 1997.

PART 2 사상과 학문의 원천, 신플라톤주의_플로티노스

노영덕,『플로티노스의 미학과 예술의 존재론적 지위』, 한국학술정보, 2008.

송유레,「플로티누스의 세계제작자: 플라톤의『티마이오스』의 탈신화적 해석」,《철학사상》42, 서울대학교 철학사상연구소, 2011.

송유레,「거룩한 철학자의 초상: 포르피리오스의『플로티누스의 생애』를 중심으로」,《인문 논총》69, 서울대학교 인문학연구원, 2013.

송유레,「신(神)을 향한 에로스: 플로티누스의 철학적 신비주의」,《서양고전학연구》51, 한국서 양고전학회, 2013.

송유레,「플로티누스」,『서양고대철학 2: 아리스토텔레스부터 보에티우스까지』(서양고전학 연구 총서 2), 길, 2016.

송유레,「좋음을 위한 자유: 플로티누스의 자유론」,《철학연구》118, 철학연구회, 2017.

송유레,「플로티누스의 '무의식적' 행복 이론」,《인문학연구》37, 경희대학교 인문학연구원, 2018.

송유레,「생각하지 않는 현자: 플로티누스의 비-숙고적 행동 모델」,《철학연구》125, 철학연구회, 2019.

송유레,「플로티누스의 휘포스타시스 개념」,《중세철학》25, 한국중세철학회, 2019.

송유레,「영혼의 모상: 플로티누스의 자연과 영혼의 구분」,《철학》144, 한국철학회, 2020.

아도, 피에르,『플로티누스, 또는 시선의 단순성』, 안수철 옮김, 송유레 감수, 탐구사, 2013.

오미라, 도미니크 J.,『플로티노스: 엔네아데스 입문』, 안수철 옮김, 탐구사, 2009.

잉에, 윌리엄 랄프,『플로티노스의 신비철학』, 조규홍 옮김, 누멘, 2011, 58쪽.

조규홍,『시간과 영원 사이의 인간 존재: 플로티노스의 삼위일체론적인 존재론을 통한 이해 시도』, 성바오로, 2002.

조규홍,『플로티노스의 지혜: 그의 작품 Enn. III 1, Enn. III 7, Enn. IV 7을 통한 이해 시도』, 누멘, 2009.

플로티노스,『영혼 정신 하나: 플로티노스의 중심 개념』, 조규홍 옮김, 나남, 2008.

플로티노스,『엔네아데스』, 조규홍 옮김, 지식을만드는지식, 2009.

플로티노스,『플로티노스의 엔네아데스 선집』, 조규홍 옮김, 누멘, 2009.

플로티노스,『플로티노스의 〈하나〉와 행복』, 조규홍 옮김, 누멘, 2010.

화이트비,『플로티노스의 철학』, 조규홍 옮김, 누멘, 2008.

Berchman, Robert M., *From Philo to Origen: Middle Platonism in Transition*, Decatur, Scholars Pr., 1984.

Corrigan, Kevin, *Plotinus' Theory of Matter-Evil and the Question of Substance: Plato, Aristotle, and Alexander of Aphrodisias* (II.4, II.5, III.6, I.8), Leiden, peeters, 1996.

Corrigan, Kevin, *Reading Plotinus: A Practical Introduction to Neoplatonism*, West Lafayette, Purdue Univ. Pr., 2004.

Corrigan, Kevin, *Reading Plotinus: A Practical Introduction to Neoplatonism*, West Lafayette, Purdue Univ. Pr., 2005.

Deck, John N., *Nature, Contemplation, and the One: A Study in the Philosophy of Plotinus*, Toronto, Univ. of Toronto Pr., 1991.

Dillon, John M.; Gerson, Lloyd P., *Neoplatonic Philosophy: Introductory Readings*, Norton, Hackett, 2004.

Emilsson, Erik, *Plotinus*, New York, Routledge, 2017.

Eucken, Rudolf, *Die Lebensanschauungen der Grossen Denker*, Berlin, De Gruyter, 1919.

Gerson, Lloyd P., *Plotinus*, New York, Routledge, 1994.

Gerson, Lloyd P. (ed.), *The Cambridge Companion to Plotinus*, Cambridge, Cambridge Univ. Pr., 1996.

Luchte, James, *Early Greek Thought: Before the Dawn*, London, Bloomsbury Publishing, 2011.

McGroarty, Kieran, *Plotinus on Eudaimonia: A Commentary on Ennead I.4*, Oxford, Oxford Univ. Pr., 2006.

Meijer, Pieter. A., *Plotinus on the Good or the One (VI.9): An Analytical Commentary*, Amsterdam, Brill, 1992.

Plotinus, *The Enneads*, tr. by Stephen MacKenna, London, Medici Society, 1917-1930; B. S. Page (ed.), ²1956.

Plotinus, *Plotinus: Ennead IV (with Greek text)*, tr. by A. H Armstrong, Loeb Classical Library, Cambridge/Mass, Harvard Univ. Pr., 1966-1988.

Plotinus, *The Enneads*, tr. by George Boys-Stones, John M. Dillon, Lloyd P. Gerson, R. A. H. King, Andrew Smith and James Wilberding, Cambridge, Cambridge Univ. Pr., Gerson, Lloyd P. (ed.), 2018.

Porphyry, "On the Life of Plotinus and the Arrangement of his Works", in Mark Edwards (ed.), *Neoplatonic Saints: The Lives of Plotinus and Proclus by their Students*, Liverpool, Liverpool Univ. Pr., 2000.

Remes, Pauliina, *Neoplatonism*, California, Univ. of California Pr., 2008.

Stamatellos, Giannis, *Plotinus and the Presocratics: A Philosophical Study of Presocratic Influences in Plotinus' Enneads*, Albany, State Univ. of New York Pr., 2008.

Taylor, Thomas, *Collected Writings of Plotinus*, Frome, Prometheus Trust, 1994.

Torchia, Joseph N., *Plotinus, Tolma, and the Descent of Being*, New York, Peter Lang, 1993.

Tripolitis, Antonia, *The Doctrine of the Soul in the Thought of Plotinus and Origen*, San Diego, Libra Publishers, 1978.

Wagner, Michael. F. (ed.), *Neoplatonism and Nature: Studies in Plotinus' Enneads*, Albany, SUNY Pr., 2002.

Wallis, Richard T.; Bregman, Jay (eds.), *Neoplatonism and Gnosticism*, Albany, State Univ. of New York Pr., 1984.

PART 3 철학의 힘으로 뻗어나간 그리스도교_오리게네스

미셸 끌레브노, 『그리스도인과 국가권력』, 이오갑 옮김, 한국신학연구소, 1994, 177쪽.

오리게네스, 『(오리게네스의) 순교 권면』, 류한영 옮김, 양업교회사연구소, 2001.

오리게네스, 『켈수스를 논박함: 그리스-로마 세계에 대한 한 그리스도인의 답변』, 임걸 옮김, 새물결, 2005.

오리게네스, 『원리론』, 이성효·이형우·최원오·하성수 옮김, 아카넷, 2014.

오리게네스, 『기도론』, 이두희 옮김, 장용재 주해, 새물결플러스, 2018.

울톤, 존 어니스트 레오나르드·채드윅, 헨리, 『알렉산드리아 기독교: 클레멘스와 오리게네스』, 정용석·주승민·이은혜·김시호 옮김, 두란노아카데미, 2011.

윤주현, 『오리게네스에게 영성을 묻다: 영성은 이렇게 시작되었다』, 가톨릭출판사, 2021.

이장식, 『교부 오리게네스』, 대학기독교출판사, 1977.

페이, 유진 드, 『오리게네스의 영성: 그의 생애와 사상』, 누멘, 2010.

한국교부학연구회, 『내가 사랑한 교부들』, 분도출판사, 2005.

함만, 아달베르, 『교부와 만나다: 초대교회 스승들의 생애와 사상』, 이연학·최원오 옮김, 비아, 2019.

Bäbler, Balbina; Nesselrath, Heinz-Günther (eds.), *Origenes der Christ und Origenes der Platoniker*, Tübingen, Mohr Siebeck, 2018.

Benedict XVI, Pope, "Origen of Alexandria: Life and Work", in *Church Fathers: From Clement of Rome to Augustine*, Vatican City, Libreria Editrice Vaticana, 2007.

Berner, Ulrich, *Origenes*, Darmstadt, Wissenschaftliche Buchgesellschaft, 1981.

Bruns, Christoph, *Trinität und Kosmos: Zur Gotteslehre des Origenes*, Münster, Aschendorff, 2013.

Butterworth, George W. (ed.), *Origen On First Principles*, New York, Harper and Row, 1966.

Caspary, Gerard E., *Politics and Exegesis: Origen and the Two Swords*, Berkeley/California, Univ. of California Pr., 1979.

Chawick, Henry, *Early Christian Thought and the Classical Tradition: Studies in Justin, Clement, and Origen*, Oxford, Oxford Univ. Pr., 1966.

Crouzel, Henri, *Origen*, Edinburgh, T&T Clark, 1989.

Crouzel, Henri, *Origen: The Life and Thouht of the First Great Theologian*, tr. by A. S. Worrall, New York, Harper and Row, 1989.

Daniélou, Jean, *The Origenist controversy: The Cultural Construction of an Early Christian Debate*, Princeton, Princeton Univ. Pr., 1992.

Fürst, Alfons, *Origenes: Grieche und Christ in römischer Zeit*, Stuttgart, Anton Hiersemann, 2017.

Fürst, Alfons; Karmann, Thomas R., *Verurteilung des Origenes: Kaiser Justinian und das Konzil von Konstantinopel 553*, Münster, Aschendorff, 2020.

Geerlings, Wilhelm; König, Hildegard (eds.) *Origenes: Vir ecclesiasticus*, Bonn,

Borengasser, 1995.

Greggs, Tom, *Barth, Origen, and Universal Salvation: Restoring Particularity*, Oxford, Oxford Univ. Pr., 2009.

Hauck, R., *The More Divine Proof: Prophecy and Inspiration in Celsus and Origen*, Atlanta, Scholar's Pr., 1989.

Heine, Ronald E., *Origen: Scholarship in the Service of the Church*, Oxford, Oxford Univ. Pr., 2010.

Kettler, Franz H., *Der ursprüngliche Sinn der Dogmatik des Origenes*, Berlin, Töpelmann, 1966.

Lies, Lothar, *Origenes' Peri Archon: Eine undogmatische Dogmatik*, Darmstadt, Wissenschaftliche Buchgesellschaft, 1992.

Markschies, Christoph, *Origenes und sein Erbe: Gesammelte Studien*, Berlin, De Gruyter, 2007.

Martens, Peter W., *Origen and Scripture: The Contours of the Exegetical Life*, Oxford/New York, Oxford Univ. Pr., 2012.

McGuckin, John A., *The Westminster Handbook to Origen*, Louisville, Westminster John Knox Pr., 2004.

Scott, Mark S. M., *Journey Back to God: Origen on the Problem of Evil*, Oxford, Oxford Univ. Pr., 2012.

Somos, Róbert; Fürst, Alfons (eds.), *Logic and Argumentation in Origen*, Münster, Aschendorff, 2015.

Tilling, Fabian, *Der biblisch-alexandrinische Mysterienbegriff bei Origenes*, Münster, Aschendorff, 2021.

Trigg, Joseph W., *Origen: The Bible and Philosophy in the Third-Century Church*, Atlanta, John Knox Pr., 1983.

Tripolitis, Antonia, *Origen: A Critical Reading*, New York, Peter Lang, 1985.

Weber, Karl-Otto, *Origenes der Neuplatoniker*, München, C. H. Beck, 1962.

PART 4 인간의 이성으로 꽃피운 사랑의 신학_아우구스티누스

- 원전

『가톨릭교회의 관습과 마니교도의 관습(De Moribus Ecclesiae Catholicae et de Moribus Manichaeorum)』, PL 32.

『고백록(Confessiones)』, 성염 옮김, 경세원, 2016. / 선한용 옮김, 대한기독교서회(개정완역본), 2003. / 최민순 옮김, 바오로딸, [2]1986, 1991.

『그리스도교 교양(De Doctrina Christiana)』, 성염 역주, 분도출판사, 1989.

『독백(Soliloquia)』, 공성철 옮김, 『아우구스티누스: 전기 저서들』 제1부, 두란노아카데미, 2011, 27-93쪽.

『삼위일체론(De Trinitate)』, 성염 옮김, 분도출판사, 2015. / 김종흡 옮김, 크리스천다이제스트, 1993.

『신국론(De Civitate Dei)』 제1-10권, 제11-18권, 제19-22권, 성염 옮김, 분도출판사, 2004. / 조호연·김종흡 옮김, 크리스천다이제스트, 2016.

『아카데미아파 논박(Contra Academicos)』, 김영국 옮김, 『어거스틴 저작집』1, 소망사, 1984.

『영과 문자(De Spiritu et Littera ad Marcellinum)』, 이형기·정원래 옮김, 『아우구스티누스: 후기 저서들』제2부, 두란노아카데미, 2011, 251-334쪽.

『요한 서간 강해(In Epistulam Iohannis ad Parthos Tractatus)』, 최익철 옮김, 이연학·최원오 해제·역주, 분도출판사, 2011. / 『요한일서에 대한 설교』, 이형기·정원래 옮김, 『아우구스티누스: 후기 저서들』제3부, 두란노아카데미, 2011, 335-463쪽.

『자유의지론(De Liberum Arbitrium)』, 성염 역주, 분도출판사, 1998.

『참된 종교(De Vera Religione)』, 성염 역주, 분도출판사, 1989.

『행복론(De Beata Vita)』, 박주영 옮김, 누멘, 2010.

- 2차 문헌

김규영, 『아우구스띠누스의 생애와 사상』, 형설출판사, 1989.

드 윌, 루이, 『성 아우구스티노의 생애』, 조철웅 옮김, 가톨릭출판사, 2000.

레인 폭스, 로빈, 『아우구스티누스: 역사상 가장 위대한 고백』, 박선령 옮김, 21세기북스, 2020.

문시영, 『아우구스티누스와 행복의 윤리학』, 서광사, 1996.

문시영, 『아우구스티누스와 은혜의 윤리학』, 북코리아, 2008.

박경숙, 『아우구스티누스: 기독교의 가장 위대한 사상가』, 살림, 2006.

박승찬, 『생각하고 토론하는 서양 철학 이야기 ②: 중세-신학과의 만남』, 책세상, 2006.

박승찬, 『아우구스티누스에게 삶의 길을 묻다: 최초의 현대인에게 배우는 세상 살아가는 지혜』, 가톨릭출판사, 2017.

뱁코크, W. S., 『아우구스티누스의 윤리학』, 문시영 옮김, 서광사, 1998.

브라운, 피터, 『어거스틴 생애와 사상』, 차종순 옮김, 한국장로교출판사, 1992.

브라운, 피터, 『아우구스티누스: 격변의 시대, 영혼의 치유와 참된 행복을 찾아 나선 영원한 구도자』, 정기문 옮김, 새물결, 2012.

송병구, 『하나님을 어떻게 알 수 있는가?: St. Augustinus의 존재론적 인식론』, 한들, 2004.

스미스, 워렌 토마스, 『어거스틴, 그의 생애와 사상』, 박희석 옮김, 아가페문화사, 1994.

양명수, 『어거스틴의 인식론: 이성과 계시 또는 앎과 믿음』, 한들, 1999.

윌스, 게리, 『성 아우구스티누스』, 안인희 옮김, 푸른숲, 2005.

이석우, 『아우구스티누스』, 민음사, 1995.

좌야승지, 『어거스틴과 그의 생애』, 엄두섭 옮김, 은성, 1993.

질송, 에티엔느, 『아우구스티누스 사상의 이해』, 김태규 옮김, 성균관대학교출판부, 2010.

채드윅, 헨리, 『아우구스티누스』, 김승철 옮김, 시공사, 2001.

코플스톤, F. C., 『중세철학사: 아우구스티누스에서 스코투스까지』, 박영도 옮김, 서광사, 1988.

크레모나, 카를로, 『성아우구스티누스전』, 성염 옮김, 바오로딸, 1992.

포시디우스, 『아우구스티누스의 생애』, 이연학 옮김, 분도출판사, 2008.

Ayres, Lewis, *Augustine and the Trinity*, Cambridge, Cambridge Univ. Pr., 2010.

Battenhouse, Roy W. (ed.), *A Companion to the Study of St. Augustine*, Grand Rapids, Baker, 1979.

Bonner, Gerald, *St. Augustine of Hippo: Life and Controversies*, Norwich, The Canterbury Pr., 1986.

Bonner, Gerald, *St. Augustine's Teaching on Divine Power and Human Freedom*, Washington, D.C., Catholic Univ. of America Pr., 2007.

Bourke, Vernon J., *Augustine's Quest of Wisdom: Life and Philosophy of the Bishop of Hippo*, Milwaukee, Bruce, 1945.

Cary, Philip, *Augustine's Invention of the Inner Self: The Legacy of a Christian Platonist*, New York, Oxford Univ. Pr., 2000.

Chabannes, Jacques, *St. Augustine*, tr. by Julie Kernan, New York, Doubleday, 1962.

Chadwick, Henry, *Augustine of Hippo: A Life*, Oxford, Oxford Univ. Pr., 2010.

Clark, Mary T., *Augustine*, London, Geoffrey Chapman, 1994.

Conybeare, Catherine, *The Irrational Augustine*, Oxford, Oxford Univ. Pr., 2006.

Dassmann, Ernst, *Augustinus: Heiliger und Kirchenlehrer*, Stuttgart, Kohlhammer, 1993.

Deane, Herbert A., *The Political and Social Ideas of St. Augustine*, New York, Columbia Univ. Pr., 1963.

Drecoll, Volker H., *Die Entstehung der Gnadenlehre Augustins*, Tübingen, Mohr Siebeck, 1999.

Drecoll, Volker H., *Augustin Handbuch*, Tübingen, Mohr Siebeck, 2007.

Evans, Gillian. R., *Augustine On Evil*, Cambridge, Cambridge Univ. Pr., 1982.

Fitzgerald, Allan D. (ed.), *Augustine through the Ages: An Encyclopedia*, Grand Rapids, Eerdmans, 1999.

Flasch, Kurt, *Augustin: Einführung in sein Denken*, Stuttgart, Reclam, 1994, 2003.

Fox, Robin Lane, *Augustine: Conversions to Confessions*, New York, Basic Books, 2015.

Fuhrer, Therese, *Augustinus*, Darmstadt, Wissenschaftliche Buchgesellschaft, 2004.

Geerlings, Wilhelm, *Augustinus: Leben und Werk. Eine bibliographische Einführung*, Paderborn, Panorama, 2004.

Gilson, Etienne, *The Christian Philosophy of St. Augustine*. tr. by L. E. M. Lynch, New York, Random House, 1960.

Guardini, Romano, *Die Bekehrung des Aurelius Augustinus: Der innere Vorgang in seinen Bekenntnissen*, Mainz, Matthias Grünewald, 1989.

Harrison, Simon, *Augustine's Way into The Will: The Theological and Philosophical Significance of De Libero Arbitrio*, Oxford, Oxford Univ. Pr., 2006.

Hollingworth, Miles, *Saint Augustine of Hippo: An Intellectual Biography*, Oxford, Oxford Univ. Pr., 2013.

Horn, Christoph, *Augustinus*, München, Beck, 1995.

Hunter, David G.; Yates, Jonathan P. (eds.) *Augustine and Tradition: Influences, Contexts, Legacy*, Grand Rapids/Michigan, Eerdmans, 2021.

Knowles, Andrew; Penkett, Pachomios, *Augustine and His World*, Westmont, InterVarsity Pr., 2004.

Kolbet, Paul R., *Augustine and the Cure of Souls: Revising a Classical Ideal*, Notre Dame, Univ. of Notre Dame Pr., 2010.

Kotzé, Annemaré, *Augustine's Confessions: Communicative Purpose and Audience*, Leiden, Brill, 2004.

Kranz, Gisbert, *Augustinus: Sein Leben und Wirken*, Mainz, Matthias Grünewald, 1994.

Kreuzer, Johann, *Augustin*, New York, Frankfurt am Main, 1995.

Markus, Robert A. (ed.), *Augustine: A Collection of Critical Essays*, Garden City, Anchor books, 1972.

Matthews, Gareth B., *Augustine*, Malden, Wiley-Blackwell, 2005.

Mayer, Cornelius (ed.), *Augustinus-Lexikon*, Vol. 1 ff., Basel, Schwabe, 1994 ff.

Neumann, Uwe, *Augustinus*, Hamburg, Rowohlt, [2]2004.

O'Connell, Robert J., *St. Augustine's Early Theory of Man*, Cambridge, Harvard Univ. Pr., 1968.

O'Connell, Robert J., *St. Augustine's Confessions: The Odyssey of Soul*, Cambridge, Harvard Univ. Pr., 1969.

O'Donnell, James J., *Augustine Confessions: Text and Commentary Vol. 1-3*, Oxford, Oxford Univ. Pr., 1992.

O'Donnell, James J., *Augustine: A New Biography*, New York, Harper Perennial, 2005.

O'Donnell, James J., *Augustine: A New Biography*, New York, ECCO, 2005.

Paffenroth, Kim; Kennedy, Robert P. (eds.), *A Reader's Companion to Augustine's Confessions*, Louisville/Kentucky, Westminster John Knox, 2003.

Rosen, Klaus, *Augustinus: Genie und Heiliger*, Wiesbaden, Zabern, 2015.

Schöpf, Alfred, *Augustinus: Einführung in sein Philosophieren*, Freiburg/München, Karl Alber, 1970.

Seele, Peter, *Philosophie der Epochenschwelle: Augustin zwischen Antike und Mittelalter*, Berlin, De Gruyter, 2008.

Stump, Eleonore; Kretzman, Norman (eds.), *The Cambridge Companion to Augustine*, Cambridge, Cambridge Univ. Pr., 2001.

Tekse, Ronald J., *To Know God and The Soul: Essays on the Thought of Saint Augustine*, Washington, D.C., Catholic Univ. of America Pr., 2008.

TeSelle, Eugene, *Augustine the Theologian*, Eugene, Wipf and Stock, 2002.

Zumkeller, Adolar, *Augustine's Ideal of the Religious Life*, New York, Fordham Univ. Pr., 1986.

PART 5 최후의 로마인, 죽음 앞에서 철학의 신에게 묻다_보에티우스

강상진, 「보에티우스 『철학의 위안』 5권 4장의 기술 논변에 대한 검토」, 《가톨릭철학》 33, 한국 가톨릭철학회, 2019.

김형수, 「보에티우스 『철학의 위안』에 대한 그리스도교적 해석 문제」, 《가톨릭신학》 39, 한국 가톨릭신학회, 2021.

박병준, 「보에티우스의 『철학의 위안』과 철학실천: 철학상담에의 적용을 위한 '초월적-3인 칭적' 방법론 모색」, 《철학논집》 32, 서강대학교 철학연구소, 2013.

보에티우스, 『철학의 위안』, 정의채 옮김, 바오로딸, 1993.

보에티우스, 『철학의 위안』, 박병덕 옮김, 육문사, 2011.

보에티우스, 『철학의 위안』, 이세운 옮김, 필로소픽, 2014.

보에티우스, 『철학의 위안』, 박문재 옮김, 현대지성, 2018.

서동은, 「보에티우스의 『철학의 위안』에 나타난 철학(상담)의 의미와 한계」, 《철학 실천과 상담》 5, 한국철학상담치료학회, 2014.

오지은, 「보에티우스 『철학의 위안』에서 행복과 자유 의지: 메니포스 풍자 문학과의 관련성을 중심으로」, 《범한철학》 87, 범한철학회, 2017.

이창우, 「보에티우스의 『철학의 위안』: 플라톤적 요소와 반플라톤적 요소」, 《철학사상》 8, 서울대 학교 철학사상연구소, 1998.

전재원, 「아리스토텔레스의 삼단논법과 보에티우스의 삼단논법」, 《대동철학》 85, 대동철학회, 2018.

케니, 앤서니, 『중세철학』, 김성호 옮김, 서광사, 2010.

허민준, 「4학(quadrivium)교재의 형성과정: 보에티우스를 중심으로」, 《서양고대사연구》 45, 한국 서양고대역사문화학회, 2016.

Asztalos, Monika, "Boethius as a Transmitter of Greek Logic to the Latin West: the Categories", in *Harvard Studies in Classical Philology 95*, Department of the Classics, Harvard Univ., 1993.

Barrett, Helen M., *Boethius: Some Aspects of His Times and Work*, London, Cambridge Univ. Pr., 1940.

Boethius, *Consolation of Philosophy*, tr. by Victor Watts, London, Penguin Random House, 1999.

Boethius, *The Consolation of Philosophy*, tr. by Patrick G. Walsh, Oxford/New York, Oxford Univ. Pr., 2000.

Boethius, *Consolation of Philosophy*, tr. by Joel C. Relihan, Norton, Hackett. 2001.

Boethius, *Theological Tractates: The Consolation of Philosophy*, tr. by H. F. Steward; E. K. Rand; S. J. Tester, Loeb Classical Library, Cambridge, Harvard Univ. Pr., 1973. / Cambridge, Project Gutenberg, 2001.

Böhm, Thomas; Jürgasch, Thomas; Kirchner, Andreas (eds.), *Boethius as a Paradigm of Late Ancient Thought*, Berlin/Boston, De Gruyter, 2014.

Brosch, Hermann J., *Der Seinsbegriff bei Boethius*, Innsbruck, Rauch, 1931.

Chadwick, Henry, *Boethius: The Consolations of Music, Logic, Theology, and Philosophy*, Oxford, Oxford Univ. Pr., 1981.

Ebbesen, Sten, "Boethius as Aristotelian Commentator", in Richard Sorabji (ed.), *Aristotle Transformed: The Ancient Commentators and Their Influence*, London, Bloomsbury Academic, 1990.

Fuhrmann, Manfred; Gruber, Joachim, *Boethius*, Darmstadt, Wissenschaftliche Buchgesellschaft, 1984.

Gibson, Margaret, *Boethius: His Life, Thought and Influence*, Oxford, Blackwell, 1981.

Gruber, Joachim, *Kommentar zu Boethius, De Consolatione Philosophiae*, Berlin/New York, De Gruyter, 1978.

Hoenen, Maarten J. F. M.; Nauta, Lodi (eds.), *Boethius in the Middle Ages: Latin and Vernacular Tradition of the 'Consolatio Philosophiae'*, Leiden/New York/Köln, Brill, 1997.

Jensen, Steven J., "Boethius and Three Kinds of Good", in *Carmina Philosophiae 16*, International Boethius Society, 2007.

Kaylor, Noel H.; Philips, Philip E., *A Companion to Boethius in the Middle Ages*, Leiden, Brill, 2012.

Magee, John, *Boethius on Signification and Mind*, London/New York/Copenhagen/Köln, Brill, 1989.

Marenbon, John, *Boethius: Great Medieval Thinkers*, Oxford, Oxford Univ. Pr., 2003.

Marenbon, Jonn (ed.), *The Cambridge Companion to Boethius*, Cambridge/New York, Cambridge Univ. Pr., 2009.

McInerny, Ralph, *Boethius and Aquinas*, Washington, D.C., Catholic Univ. of America Pr., 1993.

Schlapkohl, Corinna, *Persona est Naturae Rationabilis Individua Substantia: Boethius und die Debatte über den Personbegriff*, Marburg, N. G. Elwert, 1999.

Stump, Eleonore, *Boethius's De topicis differentiis*, Ithaca, Cornell Univ. Pr., 1978.

Stump, Eleonore, *Boethius's In Ciceronis Topica*, Ithaca, Cornell Univ. Pr., 1988.

Wiltshire, Susan F., "Boethius and the summum bonum", in *The Classical Journal 67*, The Johns Hopkins Univ. Pr., 1972.

KI신서 10969

신 앞에 선 인간

1판 1쇄 인쇄 2023년 6월 5일
1판 1쇄 발행 2023년 6월 21일

지은이 박승찬
펴낸이 김영곤
펴낸곳 ㈜북이십일 21세기북스

콘텐츠개발본부 이사 정지은
인문기획팀장 양으녕 **책임편집** 정민기
교정교열 김찬성 **디자인** THIS-COVER
출판마케팅영업본부장 민안기
마케팅1팀 배상현 한경화 김신우 강효원
영업팀 최명열 김다운 김도연
e-커머스팀 장철용 권채영
제작팀 이영민 권경민

출판등록 2000년 5월 6일 제406-2003-061호
주소 (10881) 경기도 파주시 회동길 201 (문발동)
대표전화 031-955-2100 **팩스** 031-955-2151 **이메일** book21@book21.co.kr

ⓒ 박승찬, 2023

ISBN 978-89-509-3012-7 04100
　　　978-89-509-4146-8 04100 (세트)

(주)북이십일 경계를 허무는 콘텐츠 리더

21세기북스 채널에서 도서 정보와 다양한 영상자료, 이벤트를 만나세요!

페이스북 facebook.com/jiinpill21　　　포스트 post.naver.com/21c_editors
인스타그램 instagram.com/jiinpill21　　　홈페이지 www.book21.com
유튜브 youtube.com/book21pub

서울대 가지 않아도 들을 수 있는 명강의! 〈서가명강〉
'서가명강'에서는 〈서가명강〉과 〈인생명강〉을 함께 만날 수 있습니다.
유튜브, 네이버, 팟캐스트에서 '서가명강'을 검색해 보세요!

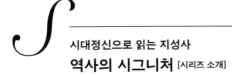

시대정신으로 읽는 지성사

역사의 시그니처 [시리즈 소개]

* 출간 예정 목록 (가제)

‖ 동양 편 ‖

기원전	지배와 탈지배의 길항 — 이승환 고려대 철학과
1-8세기	사유의 충돌과 융합 — 최광식 고려대 한국사학과 (2023년 4월 출간)
15-16세기	창업과 수성 — 신병주 건국대 사학과
17세기	과거와의 결별 — 계승범 서강대 사학과
19세기	변혁의 물결 — 정지호 경희대 사학과
20세기	혁명과 배신의 시대 — 정태헌 고려대 한국사학과 (2022년 9월 출간)